Yves Daunac

Comment rester motivé(e)
professionnellement

**Éditions
d'Organisation**

Apec

Éditions d'Organisation
1, rue Thénard
75240 Paris Cedex 05

CHEZ LE MÊME ÉDITEUR

Livres édités avec l'Apec,

APEC, *Méthode Déclic,* 2004

Michel GIBERT, *Job Quiz,* 2004

Juliette GHIULAMILA, *Mon boss et moi,* côté psy, 2004

Nadia AUBIN, *Comment évaluer un collaborateur,* 2004

Frédéric GIQUEL, *Salaires, ce que vous pouvez négocier,* 2004

© Éditions d'Organisation, 2004.

ISBN : 2-7081-3202-4

Votre motivation vous saute aux yeux. Vous êtes persuadé de savoir depuis longtemps ce que vous voulez.

N'allez pas trop vite en besogne !

Prenez le temps de vérifier les ressorts qui vous font agir en faisant preuve de la plus grande franchise envers vous-même.

L'herbe est plus verte ailleurs. Du moins fait-on semblant de le croire lorsqu'on n'arrive pas à concilier ses propres objectifs avec ceux de son employeur. On peut ainsi vivre des années entières au sein d'une entreprise, comme le font quantité de cadres et de salariés, rêvant de rejoindre une autre, que l'on imagine plus performante, plus souple, plus ouverte à ses désirs et envies. Ces « déçus » de l'intérieur, au pire démotivés au mieux routiniers, désengagés de leur travail, sont de plus en plus nombreux, si l'on en croit différents sondages.

On peut alors s'engager dans le marathon de la mobilité externe, à condition que le marché le permette. Mais d'une entreprise à l'autre, les mêmes causes produiront les mêmes effets : **l'absence d'aspirations identifiées et d'une stratégie pour les satisfaire conduiront immanquablement à la frustration.** Et si vous décidiez de vivre l'entreprise du bon côté, c'est à dire du vôtre. Si, au quotidien comme sur le long terme, vous acceptiez de tirer profit de ce que votre entreprise peut offrir de meilleur : rémunération, avantages, formation, statut social mais aussi confort de travail, liberté d'action, plaisir… à la mesure de votre mérite et de vos propres envies.

Pourquoi devriez-vous poursuivre dans la voie que d'autres ont planifié pour vous : vos amis, vos parents, votre conjoint… Toutes perspectives qui ne vous intéressent guère, tout le contraire de votre besoin : vous épanouir personnellement et professionnellement en tenant compte de ce que vous êtes et non en tentant, vainement forcément, d'être ce que vous ne serez jamais.

De même, pourquoi vous sentez-vous obligé de lier votre sort à celui de l'entreprise ? Certes, vous mettez vos compétences au service d'un employeur, en échange d'un salaire. Mais au-delà de ce strict rapport économique, vous êtes mus par de profondes et sincères motivations ; vous portez jusque dans votre façon de travailler des traits de personnalité, des attentes, des besoins même qui, s'ils sont satisfaits, font de vous un homme heureux. L'équation devient simple : en accord avec vous-même,

© Éditions d'Organisation

avec vos valeurs, vous vivez le plaisir au travail. En porte-à-faux, vous vous ennuyez, ou pire, déprimez. Ignorant quels sont vos propres ressorts, ignorant aussi où se situe votre fragilité (ce qui est le cas d'un grand nombre de personnes), vous naviguez à vue, passant sans les voir, à côté de belles opportunités.

C'est un fait, et heureusement, nous ne rêvons pas tous de réaliser le même parcours, ne trouvons pas le même intérêt au travail et n'en attendons pas les mêmes genres de récompense. Selon une enquête Apec 2004 réalisée auprès des jeunes diplômés, une écrasante majorité des sondés (95 %) déclare accepter un emploi pour l'intérêt des missions et l'ambiance de travail. Mais 72 % lient ce choix à l'obtention du statut cadre, 40 % à la notoriété de l'entreprise, plus des deux tiers au secteur d'activité et près de 30 % à la taille de l'entreprise. « Le travail repré-sente une partie importante des sphères dans lesquelles je me réalise », dit cet accro du boulot, fier de l'être. « J'ai renoncé à un poste à cause de la charge de travail impo-sante : j'arrivais à 7 h et ne repartais jamais avant 21 h. C'était quasiment incompatible avec une vie person-nelle riche. Ce qui pour moi, est une priorité », laisse tomber un autre visiblement plus attaché à sa qualité de vie. Autre objectif : « Je suis ambitieux, je compte bien réussir ma vie professionnelle ». Tandis qu'une autre jeune cadre affirme : « J'ai énormément besoin de sentir l'intérêt de mon travail et d'être mise en valeur. Cette reconnaissance agit sur moi comme un stimulant et m'encourage à être meilleure ».

Ces jeunes ont le mérite d'avoir déjà identifié ce qui les fait courir. Il leur reste à adopter la stratégie idoine pour atteindre leurs objectifs. Mais tous les salariés, jeunes ou expérimentés, ne sont pas aussi avertis de ce qu'ils sont au fond d'eux-mêmes et se trompent d'objectif. Les uns parce qu'ils se refusent à explorer leurs propres ressorts, les autres parce qu'ils ne s'avouent pas leurs motivations. D'autres encore n'ont pas le courage de les traduire en stratégie concrète. **Car, c'est une chose que d'identifier ses motivations, ses envies profondes, c'en est une autre que d'oser les exprimer, les revendiquer et œuvrer à leur satisfaction.** En effet, aussi étonnant que cela puisse paraître, les auto-censures sont nombreuses et tenaces. C'est ainsi que bon nombre d'ambitions ne dépassent jamais le stade du rêve ; qu'autant de potentiels se transforment rapidement en aigreurs ou en frustrations. Combien de cadres se déclarent « non intéressés par des responsabilités », alors qu'ils rêvent en secret de réussir à faire progresser une équipe ? Combien de désengagés malgré eux, se résignent à ne pas relever leurs propres défis, et trouvent mille prétextes pour ne pas passer à l'action ? Ils préfèrent obéir plutôt que de décider ; ils n'avancent que sous la protection de parapluies ; multiplient les « mails en copie » pour se couvrir au cas où ; circonscrivent à l'envi leur territoire pour rappeler, le cas échéant, que « ceci n'est pas leur boulot ». Combien encore ne cessent de demander des précisions sur leurs objectifs, des garanties, des moyens supplémentaires, des solutions de rechange, des certitudes de retrouver leur poste en cas d'échec ; combien n'émettent jamais une opinion se retranchant derrière le sinistre « j'ai pas d'avis à donner »… Tous ceux-là ne visent qu'un seul et même objectif : être blindés de toutes parts. Un attitude qu'il ne faudrait pas confondre avec la rigueur professionnelle. « Je suis un perfectionniste, explique l'un de ces hyper-prudents. Je n'entreprends rien si les conditions de la réussite ne sont pas réunies. » Voire…

Ce type de comportement ne se limite pas à l'excès de prudence : combien de personnes motivées par l'argent, et qui espèrent des augmentations régulières, n'osent en réclamer systématiquement, de peur de passer pour exigeants, des importuns, des insatisfaits chroniques ? À l'inverse, combien s'abritent derrière l'argument de la rémunération insuffisante pour ne pas s'engager dans des projets qui, en fait, les effraient ? Autre attitude caractéristique de personnes qui n'osent pas assumer leurs choix : la fuite en avant. Cas type : le frustré qui se lance à cœur perdu dans des activités bénévoles (syndicalisme, vie associative, organisations caritatives) sans en avoir ni la vocation, ni l'envie réelle. C'est tellement plus commode.

Avoir une stratégie de réussite personnelle, c'est éviter tous ces faux semblants. C'est éviter aussi dans un jeu de dupes vis-à-vis de l'entreprise. (Vous obtiendrez rarement ce que vous ne méritez pas, et si cela arrivait, ce ne serait que sur une courte période). Bien au contraire, que l'on recherche le pouvoir, le maximum de rémunération ou la mobilité, il s'agit bien de mieux servir l'entreprise pour mieux mériter d'elle. Et dans tous les cas, de se surpasser, en commençant par vaincre ses propres complexes et limitations. Alors, et seulement alors, il peut être question de réussite. Vous progresserez selon vos objectifs en utilisant au mieux vos compétences et en restant fidèle à vos convictions.

Banal, pensez-vous. Vous avez tort : pour tenir durablement, le salarié qui veut aller au bout de ses envies doit d'abord se livrer à un minutieux check-up en trois étapes.

• **Étape 1** : redécouvrir votre propre personnalité, au-delà de votre formation initiale et de votre expérience professionnelle. Un long travail d'introspection qui peut se faire seul ou avec le concours d'un coach, voire d'un psy.

• **Étape 2** : identifier vos valeurs, celles héritées de votre environnement familial, de votre éducation, de votre expérience, de vos croyances, de votre culture, elles constituent la base de votre motivation.

- **Étape 3** : traduire vos motivations en objectifs concrets. Une méthode aussi simple qu'efficace consiste à lister dans une première colonne, par ordre de préférence, les valeurs auxquelles vous êtes le plus attaché, sans lesquelles vous vous sentiriez déstabilisé. À titre indicatif : paix, authenticité, ruse, aventure, aisance, respect, équité, liberté ... Dans une deuxième colonne, vous inscrirez par ordre d'importance sous forme de verbes, les buts essentiels que vous aimeriez atteindre durant votre vie professionnelle. Par exemple : vous enrichir, vous amuser, dominer les autres, exceller, découvrir, donner, participer, échanger... Dans une troisième colonne, vous listerez par des adjectifs, les principales qualités que vous estimez être les vôtres, en partant des qualificatifs les plus évidents : courageux, créatif, intègre, tenace, ordonné, persuasif, dynamique... Un examen attentif des trois colonnes permet de vérifier la cohérence entre vos croyances, vos envies et les qualités que vous possédez pour les atteindre. S'enrichir est mon premier but, l'aisance est ma valeur clé et je suis tenace... Il est évident que l'argent est mon moteur. Deux ou trois dominantes peuvent se chevaucher. Par exemple, goût de l'argent et envie de pouvoir. Sens de l'éthique/utilité sociale et envie de travailler beaucoup. Dans ce cas, reprenez l'exercice et concentrez-vous sur les valeurs, croyances et qualités qui priment. Remémorez-vous vos succès professionnels passés (ou vos meilleurs résultats universitaires si vous êtes jeune diplômé). Replacez-les dans leur contexte et tentez de déterminer les circonstances qui ont favorisé ces succès. Quels moteurs vous ont permis de réaliser ces « exploits » ? Dans quelle état psychologique vous trouviez-vous ? Quelles qualités vous ont le plus servi ? À partir de vos réponses, vous pouvez dresser les conditions idéales de votre succès, car, le plus souvent, des efforts fournis dans les mêmes contextes et avec les mêmes atouts aboutissent aux mêmes résultats.

Qu'elles soient menées en solo ou avec l'appui d'un professionnel, l'introspection et la clarification de vos motivations, qui exigent du temps et beaucoup de réflexion, n'ont de sens que si vous vous efforcez de faire preuve de sincérité avec vous-même. Ainsi réalisé, l'exercice est toujours payant.

SOMMAIRE

AVANT TOUT,
JE RECHERCHE LE POUVOIR

Le haut de l'affiche, le top de l'organigramme... là est votre future place dans cette entreprise. Mais si telle est votre ambition, apprêtez-vous à jouer les hommes-orchestre et les hommes de réseau. Généraliste plus que technicien pur jus, vous devrez montrer votre ascendant sur les autres, prouver vos talents de gestionnaire, de négociateur, de développeur et même, à l'occasion, de Père Fouettard. Pièges, chausse-trapes, peaux de banane... rien ne vous sera épargné. Mais il ne tient qu'à vous de sortir vainqueur de ce véritable parcours du combattant. Prêt pour le première séance de training ?

Vous avez de l'ambition à revendre et vous savez ce qui vous fait vibrer : le pouvoir. En vous projetant sur un horizon de trois à quatre années dans cette entreprise, vous vous imaginez très aisément en leader charismatique et même en calife à la place du calife. Patience. Sauf cas exceptionnel, et sans que soit remise en question l'ampleur de vos talents, vous ne décrocherez pas vos lauriers en un tour de main.

Jeune cadre âgé de moins de trente-cinq ans, salarié d'une grande entreprise ou d'une PME d'envergure, vous pouvez tenter de vous distinguer, et d'entrer dans le club sélect des hauts potentiels. Mais les places sont chères : en général, les HP ne représentent pas plus de 5 à 10 % des effectifs cadres. Pour espérer rejoindre ce petit lot d'élus, il faut donc être déjà ce que l'on appelle un *très bon élément*. Ne soyons pas hypocrite : dans les grandes entreprises françaises, le prestige de la formation initiale compte pour beaucoup dans le choix des candidats au pouvoir. En clair, mieux vaut sortir de Centrale que de brandir un diplôme d'une obscure école d'ingénieurs. De même, le label HEC ou ESCP vous assure une bienveillance toute naturelle et les meilleurs a priori. Par chance pour ceux qui n'auraient pas emprunté dès leur plus jeune âge ces voies royales, les très bons éléments ne se repèrent pas seulement au diplôme : PSA ou Auchan, par exemple, ont ouvert les portes du cercle restreint des futurs dirigeants à quelques autodidactes.

Contrairement aux idées reçues, le HP ne se recrute pas nécessairement parmi les plus gros bosseurs, ceux qui enfilent les plus longues journées de travail. **Ceux qui réussissent avec aisance et sans – apparemment – forcer leur talent tapent plus sûrement dans l'œil des DRH et des responsables hiérarchiques.** Ceux-là évitent soigneusement de se plaindre, n'ont jamais l'air de peiner à la tâche, positivent en toutes circonstances. Ce qui finit par se savoir.

Inutile donc de faire preuve de zèle intempestif. Votre premier atout sera la qualité de vos prestations. Plutôt que de prendre des paris trop lourds pour vos épaules, acceptez peu de missions mais veillez de manière quasi obsessionnelle à la qualité de vos travaux, en respectant, voire en devançant, les timings. Jamais une erreur, jamais une minute de retard. Telle devrait être votre devise. Considérez tout objectif que l'on vous assigne comme un minimum et efforcez-vous de le dépasser amplement. Sans vous disperser, intéressez-vous à tous les aspects de la vie de l'équipe. Ne vous enfermez surtout pas dans le rôle du super technicien qui sait tout d'une seule et même chose. **Le futur haut potentiel est d'abord un généraliste bien organisé, une tête bien pleine certes, mais bien faite.** Ne jouez ni les vainqueurs, ni les blasés, ni les surdoués, sous prétexte d'impressionner vos petits camarades et votre chef. Au contraire, sachez faire preuve (mais pas trop) de modestie. N'hésitez jamais à avouer votre impuissance à résoudre tel problème, à demander de l'aide à vos supérieurs. En effet, vos managers s'intéressent précisément à votre marge de progression, à votre aptitude à évoluer. Montrer que vous avez encore à apprendre ne peut donc en aucun cas vous desservir.

En fait, les critères de sélection les plus importants concernent le savoir-être. Il est donc plus payant de jouer la carte du naturel et de l'authenticité. Laissez parler vos attitudes, votre manière de communiquer, vos résultats. Dans l'entreprise, les « recruteurs » resteront attentifs à vos capacités de leadership. Et puisque vous rêvez de pouvoir, commencez par montrer que vous avez de l'ascendant sur les autres. Si tel est le cas, ne ratez aucune occasion de prendre des initiatives qui fédéreraient vos collègues autour de vous. De la conduite d'un dossier jusqu'à l'organisation du pot d'adieu d'un futur retraité, le candidat haut potentiel doit montrer qu'il est un homme de réseau… à l'intérieur de l'entreprise. Volontaire pour accompagner le jeune stagiaire qui débarque dans le service, il sait coopter des copains, candidats de très bonne facture, chaque fois que la DRH éprouve des difficultés à embaucher. Il élargit le cercle de ses contacts au-delà du service qui l'emploie, et des quelques lauréats de l'école qu'il a fréquentée. Devant l'ascenseur, on le remarque au nombre de poignées de main échangées avec des collaborateurs de différents services et de profils divers. Futé, il épouse les codes, rites et autres habitudes stylistiques des cadres dirigeants de l'entreprise. Une excellente manière de prouver qu'il saura prendre le pli, le moment venu. En fait, il agit comme s'il était « filé » en permanence. Et c'est bien le cas.

Le haut potentiel ne craint pas de se manifester auprès de la hiérarchie en indiquant qu'il se sent l'âme d'un futur chef. Et il a raison : si ces derniers ne ressentent pas chez un jeune cadre dynamique, plus que l'envie, la passion des responsabilités, ils pourraient ne pas le sélectionner, en dépit de ses qualités. Combien de temps faut-il alors attendre avant la mise en orbite ? La période d'observation varie d'une entreprise à l'autre : de deux à trois ans en règle générale. Mais, passé ce délai, toutes les entreprises ne signifient pas à l'heureux élu qu'il est entré dans le club des futurs dirigeants. Si Renault et Thomson Multimédia s'y emploient, ce n'est pas le cas, en revanche, d'Air Liquide.

Un piège à éviter : lâcher prise une fois obtenue l'étiquette HP, car le blason n'est pas attribué à titre définitif. « *Mon supérieur direct a été mon meilleur soutien pour me valoriser auprès de la DRH. C'est lui qui m'a proposée. Je suis considérée haut potentiel depuis un an, mais je suis toujours sous observation* », confirme Sandrine qui est entrée voilà six mois dans le vivier d'un opérateur de téléphone. Avantage de sa position : une carrière qui sera plus diversifiée (déjà une offre d'expatriation) et des

5

formations régulières, un mentor hors de sa hiérarchie qui la conseille sur les dossiers les plus sensibles et un coach, payé par l'entreprise, qui l'aide à améliorer ses points faibles, comme par exemple sa difficulté à imposer son autorité aux seniors de sexe masculin.

Haut potentiel rime avec jeune cadre. Pour autant, les cadres expérimentés et les seniors ne sont pas sommés d'abandonner tout appétit de pouvoir. Mais ils ne bénéficieront ni du même encadrement ni du même soutien pour gravir quatre à quatre les échelons. Ils devront forcer la voie. Ils ne sont pas pour autant pénalisés. Mieux, ils pourront peut-être atteindre plus rapidement les cimes s'ils y mettent tout l'entregent nécessaire, car grand groupe ou PME, les entreprises font preuve de la même exigence dès lors qu'il s'agit de confier d'importantes responsabilités à un collaborateur. **N'étant plus qualifié de « potentiel », le cadre expérimenté aspirant au pouvoir doit arguer intelligemment de ses atouts.** Pour lui, ou pour elle, il ne s'agit pas simplement de faire la démonstration d'une expérience technique affirmée. Il lui faut également être un gestionnaire avisé, un fin stratège, un bon négociateur doté d'une autorité naturelle et d'une capacité d'entraînement indiscutable et même, dans bien des cas, s'avérer un homme (ou une femme) cultivé.

Autant de qualités qui ne s'acquièrent pas toujours y compris au moyen d'un MBA, sésame en voie de banalisation que beaucoup de cadres idéalisent encore. Si le MBA peut aider, il vaut parfois mieux faire ses preuves et tracer son chemin sur le terrain. Par exemple en repérant les créneaux – les fonctions – considérés comme les plus porteurs au sein de l'entreprise : le commercial chez Oracle, la direction des hypermarchés chez Carrefour, le marketing chez Procter & Gamble, les achats chez Renault. Ailleurs, ce seront les ressources humaines, la stratégie, les directions de filiales. **C'est à ces postes influents qu'il faut oser postuler pour parvenir, un jour, à se hisser au haut de l'organigramme.** Il pourra s'avérer nécessaire de passer par la case expatriation, désormais incontournable dans toute entreprise. Bref, un parcours qui, sur le papier, pourrait paraître presque simple ou, pour le moins, entièrement tracé.

Mais une cartographie, aussi précise soit-elle, ne permet hélas pas d'anticiper tous les mouvements à l'intérieur de l'entreprise et d'avoir vent (avant que les concurrents potentiels ne se positionnent et afin de se préparer à les briguer), de tous les postes de haut niveau susceptibles de se libérer. Un exercice dont certaines grandes entreprises (comme Axa ou Carrefour) vous dispenseront toutefois parce qu'il y existe des plans de succession établis. Il s'agira alors d'intégrer ces fameux tableaux de remplacement.

Pas si simple non plus car le futur homme de pouvoir doit souvent marier des attitudes contraires : avoir les dents longues mais ronger son frein en attendant les bonnes opportunités ; montrer qu'il a de l'ambition à revendre sans tout écraser sur son passage ; savoir se faire apprécier des collaborateurs et des supérieurs (ce qui relève déjà de l'acrobatie) tout en affirmant sa personnalité, y compris en donnant de la voix quand les circonstances l'exigent.

Vous vous en doutez : les mises à l'épreuve (et pas des moindres) organisées ou fortuites, ne manqueront pas. Au fur et à mesure qu'il entrera dans la zone dite de « confiance », le col blanc désireux de prendre du pouvoir sera propulsé au premier plan lors de négociations délicates, de restructurations difficiles, de licenciements collectifs houleux. On lui confiera, par exemple, une filiale en mauvaise santé financière. À lui de « mouiller sa chemise » et de relever brillamment le challenge. Laurence, ex-cadre du groupe Total, raconte comment elle a décroché son bâton de maréchal en prenant la direction d'une filiale américaine embourbée, à redresser d'urgence. « *Puis, je me suis occupée d'une autre filiale qui se trouvait dans une impasse industrielle. J'avais pour mission de la vendre, sans trop de casse sociale.*» Deux missions bien remplies qui ont définitivement boosté sa carrière. Non seulement Laurence a aussitôt intégré le comité de direction, mais elle compte

© Éditions d'Organisation

aujourd'hui parmi les femmes les plus recherchées par les chasseurs de têtes.

Les mises à l'épreuve peuvent aussi prendre la forme d'un poste de conseiller auprès de la direction générale ou du P-DG. Une façon de tester de près la pertinence de vos analyses, à moins que ce ne soit votre capacité à vous effacer devant l'intérêt de la société. On peut aussi vous confier une activité naissante, histoire de tester votre aptitude à développer du business en toute autonomie. Cette technique est notamment utilisée chez Gore, 3M, Trois Suisses ou encore Unilog. Les Trois Suisses sont allés jusqu'à créer en interne un incubateur de start-up où les jeunes loups font leurs preuves, au sein même de l'entreprise. Chez Unilog, plusieurs jeunes filiales ont également vu le jour. Leur gestion a été confiée à des « valeurs montantes », rémunérées au résultat avec stock-options, comme s'il s'agissait d'entreprises au sein de l'entreprise.

N'allez cependant pas croire que toutes ces mises à l'épreuve se jouent avec fair-play entre gentlemen… un concours au terme duquel le meilleur l'emporterait. S'engager dans la course au pouvoir, c'est aussi prendre le risque d'encaisser des coups : faites confiance à vos concurrents et adversaires avérés ou non pour vous tendre des pièges qui ne ressembleront en rien à ce qu'il est convenu d'appeler une « saine émulation ». *« J'ai mis quatre mois à comprendre que mon collègue de la qualité* *me savonnait la planche* », explique ce directeur de production pressenti pour prendre la direction d'une usine agroalimentaire. « *Jaloux, ce rival s'ingéniait à détériorer l'indice de qualité des conserves sorties d'usine. Ce qui revenait à fausser mes résultats auprès de la direction.* » L'indélicat a fini par être démasqué.

Mais il y a plus subtil et plus redoutable : l'entretien d'un foyer de contestation dans vos équipes, la médisance savamment orchestrée auprès de la direction ou même des représentants du personnel ou encore, un pressant lobbying auprès des dirigeants pour freiner, voire contrer, votre ascension.

Contre ces agissements, pas de paranoïa : le candidat au pouvoir qui n'a pas confiance dans ses collègues court à l'échec. Il lui faut en revanche savoir tenir sa langue (certaines confidences se retourneront contre vous) et bâtir une bonne stratégie d'alliances. Notamment, savoir vous assurer l'appui de votre supérieur immédiat, sans tomber dans l'allégeance pure et simple. Cela aura un double avantage. *Primo*, vous formerez avec lui, un vrai *team* et il vous défendra. *Secundo* : s'il grimpe dans la hiérarchie, il vous fera grimper. Et tout cela sans que vous liiez vraiment votre sort au sien. Au-delà, trouvez des alliés parmi les cadres d'autres fonctions de l'entreprise, les représentants syndicaux, les collaborateurs de votre propre service. Attention, ne commettez pas l'erreur de croire qu'ils sont au service de votre ambition. Il s'agit plutôt d'un jeu d'échange d'informations, de tuyaux informels, de soutiens réciproques dans des moments difficiles. **Quelle que soit la solidité du réseau d'alliés que vous aurez réussi à construire, restez professionnel jusqu'au bout des ongles.** Ne jamais défendre l'indéfendable, ni faire passer ce qui relève de l'analyse technique dans le domaine du copinage. Il y va de votre crédibilité.

Dans un environnement proche pour certains d'un univers à la Dallas, la tentation peut être forte de jouer les manipulateurs, sous couvert de « tactique ». Si cela peut s'avérer payant dans certains cas, l'expérience prouve que les Machiavel en herbe réussissent plus rarement leur coup que les managers loyaux. Au lieu de promettre à tout-va pour vous faire aimer ou pour améliorer le score de votre prochain 306° feed-back, efforcez-vous d'être ferme mais juste. Au lieu de pratiquer la bonne vieille technique du diviser pour régner, réglez les conflits sans trembler. Il n'est pas nécessaire d'entrer dans la cour de prétendus « fidèles du big boss » pour s'imposer. Mieux vaut mériter que courtiser.

De là à croire qu'il faut être sans peur et sans reproche, il y a un fossé. Ainsi, au lieu de masquer vos défauts, corrigez-les dans la mesure du possible avec l'aide d'un coach. Sophie Soria, présidente et fondatrice du réseau « Coaching éthique » cite quelques exemples. Celui notamment d'un jeune cadre de quarante ans nommé à son premier poste de direction générale : « *Il éprouvait certaines difficultés à manager et à imposer son autorité. Dix séances de coaching individuel l'ont aidé à tenir la barre. Un autre se montrait trop agressif. Trois mois d'accompagnement lui ont appris à tempérer ses coups de sang.* »

Si d'aventure, vos efforts restaient vains, prenez-en votre parti : les entreprises savent très bien s'accommoder des défauts de leurs meilleurs cadres. Un orgueilleux n'est plus alors qu'un « battant » ; un autoritaire sera perçu comme un « homme à poigne » et un perfectionniste pourra même passer pour un « amoureux du travail bien fait ». Certes, ces effets de style ont leur limite. Et il ne faut pas trop compter sur l'entreprise pour tolérer – au-delà du tolérable – tout travers professionnel. Pour autant, ne focalisez pas outre mesure sur vos points faibles : ils font aussi partie de votre personnalité.

LE QUIZ

Êtes-vous vraiment attiré par le pouvoir ?

Certains jurent qu'ils s'en fichent alors qu'inconsciemment ils en rêvent. D'autres, au contraire, se croient obligés de courir après, alors que leur motivation se trouve ailleurs. Et vous, êtes-vous vraiment attiré par le pouvoir ?

Entourez la réponse qui vous semble la plus appropriée. Reportez-vous ensuite à la page des réponses.

1. Selon vous, la réussite d'une carrière dépend principalement de :

a - La vocation

b - La persévérance

c - Le charisme

2. De ces trois défauts, lequel vous paraît le plus grave ?

a - L'égoïsme

b - La cupidité

c - L'inconstance

3. Qu'est-ce qui vous paraît le plus important ?

a - Savoir imposer son point de vue

b - Toujours atteindre ses objectifs

c - Se faire aimer de tous

4. D'après vous, en cas d'échec, il faut :

a - Refaire des tentatives jusqu'à obtenir le succès désiré

b - Oublier et passer à un autre projet

c - Trouver un partenaire ou un sous-traitant qui sait faire mieux

5. Comment vous décririez-vous ?

a - Un ambitieux qui n'a pas peur de le montrer

b - Un ambitieux qui sait agir discrètement

c - Un ambitieux qui attend son heure

13

6. Des dictons suivants, lequel reprendriez-vous volontiers à votre compte ?

a - Rien ne sert de courir, il faut partir à point

b - L'avenir appartient à ceux qui se lèvent tôt

c - À chaque jour suffit sa peine

7. Qu'attendez-vous d'un mentor ?

a - Qu'il vous apprenne les ficelles du métier

b - Du piston pour votre ascension

c - Un soutien dans les moments difficiles

8. En général, préférez-vous :

a - Prendre le risque de perdre, pourvu que la compétition soit honnête

b - Gagner à tout prix, par tous les moyens

c - Vous abstenir d'entrer dans la compétition s'il existe un risque de perdre

9. Votre patron vous fixe un objectif apparemment trop élevé :

a - Vous négociez pour le réviser à la baisse

b - Vous acceptez le challenge, mais à condition qu'on vous donne plus de moyens et d'autonomie

c - Vous acceptez le défi en vous disant : si j'y arrive, je serai consacré champion

10. Pour évaluer votre propre situation de carrière, vous vous référez :

a - Aux positions hiérarchiques des collègues ayant la même ancienneté dans l'entreprise

b - À vos camarades de promotion en poste dans d'autres entreprises

c - À vos objectifs personnels

Réponses

Question 1 : a = 1 pt   b = 2 pts   c = 3 pts
Question 2 : a = 1 pt   b = 2 pts   c = 3 pts

Question 3   : a = 3 pts   b = 2 pts   c = 1 point
Question 4   : a = 1 pt   b = 2 pts   c = 3 pts
Question 5   : a = 3 pts   b = 2 pts   c = 1 pt
Question 6   : a = 1 pt   b = 3 pts   c = 1 pt
Question 7   : a = 1 pt   b = 3 pts   c = 3 pts
Question 8   : a = 3 pts   b = 3 pts   c = 1 pt
Question 9   : a = 1 pt   b = 3 pts   c = 2 pts
Question 10 : a = 1 pt   b = 1 pts   c = 3 pts

Faites le total de vos points

- **De 30 à 24 points** : cela ne fait aucun doute, vous avez le goût du pouvoir. Reste à mettre vos actes en ligne avec votre profession de foi.
- **De 18 à 24 points** : vos scrupules vous empêchent encore d'être franc et direct avec vous-même. Peut-être faut-il forcer votre nature.
- **Moins de 18 points** : votre ego ne semble pas sous-dimensionné, mais vous ne vibrez manifestement pas pour le pouvoir.

LE COUP À JOUER

Comme Sandrine, exigez la parité et obtenez un poste de responsabilité

Sandrine possède tous les atouts pour grimper dans la hiérarchie : un diplôme d'une prestigieuse école de commerce, une puissance de travail reconnue par son chef et de l'audace à revendre. Seul problème : les promotions ne viennent pas assez vite. *« Mes collègues masculins ayant à peu près la même ancienneté que la mienne ont très vite commencé à me distancer. Je me suis souvenue que le groupe a édicté une charte de la parité. Avant de pourvoir tout poste de responsabilité, la DRH est tenue de recueillir autant de candidatures de femmes que d'hommes, si tant est que des femmes qualifiées se portent candidates. J'ai exigé la stricte application de cette règle que tout le monde avait applaudie puis oubliée. »* Résultat : Sandrine vient de décrocher le titre tant attendu de chef de service. *« Le problème est que les femmes n'osent guère réclamer. Depuis que j'ai ouvert la brèche, il y a de plus en plus de candidatures. »*

TRAVAILLER, MAIS PAS PLUS QU'IL NE FAUT

Aucune entreprise ne vous rémunérera pour faire de la figuration. En revanche, rien ne vous oblige à surjouer votre rôle du cadre disponible. Mais comment travailler juste ce qu'il faut en toute loyauté et sans passer pour un feignant ? C'est possible, sans pour autant amputer vos revenus. Voici comment.

« Avec quelles ambitions rejoignez-vous notre entreprise ? » À cette question directe du DRH, imaginez un seul instant qu'une nouvelle recrue réponde : « Travailler le moins possible »… Même si travailler le moins possible ne signifie pas, loin s'en faut, faire preuve de paresse, l'impétrant, à coup sûr, paierait cash son excès de franchise.

En effet, lors d'un entretien de recrutement ou durant les premiers jours dans l'entreprise, il vaut mieux conforter son employeur en assurant qu'on est là pour donner le meilleur de soi-même, s'épanouir dans un travail motivant et absorbant, prêt à prouver sa totale disponibilité quitte à devoir faire preuve – les premiers temps – d'une inébranlable abnégation.

Si l'authentique *workaholic*[1], prêt à se jeter à cœur perdu dans son travail existe bel et bien, **une bonne proportion de cadres continue de rêver d'un job valorisant et bien rémunéré sans être prête pour autant à tous les sacrifices en matière de stress, d'horaires, de bonheur familial…** Si tel est votre cas, sachez qu'il est possible de mener une vie professionnelle passionnante sans devoir pour cela risquer le burn-out. La société elle-même ne va-t-elle pas dans ce sens ? En quelques décennies, la durée légale du travail est passée de 40 à

___
1. Signifie : travailleur acharné, dépendant du travail.

35 heures, alors que la durée des congés a triplé (2 semaines en 1946, cinq semaines aujourd'hui).

Votre objectif sera facilité si vous émargez dans l'une de ces – nombreuses – entreprises qui savent se montrer généreuses avec leurs cadres, en leur accordant relativement plus de temps libre que le minimum imposé par la loi. Car, selon les conventions collectives et surtout depuis les lois Aubry instituant les 35 heures, tous les salariés ne sont pas égaux devant la pointeuse. Là où certains collaborateurs de PME doivent se contenter d'une trentaine de jours de congé par an, le cumul dépasse 50 jours à la BNP, voire 85 jours chez EDF-GDF. Certaines entreprises utilisent même l'allégement des heures de travail comme… argument de séduction. À l'instar d'Auchan : *« Le temps de travail de l'encadrement est régi par un accord d'entreprise par lequel l'encadrement bénéficie des dispositions relatives à la réduction et à l'aménagement du temps de travail »* fait savoir l'entreprise à tout candidat ou nouvelle recrue. *« Le forfait jours, soit 213 jours pour une année complète, constitue le mode de référence et concerne la quasi-totalité de l'encadrement. Tous les collaborateurs de l'entreprise, salariés et cadres, disposent d'outils de gestion de leur temps de travail,* badgeage *et planification afin de permettre une application effective des dispositions de l'accord. »* Sous-entendu : chez nous, vous pouvez réussir selon votre ambition et votre rythme personnels.

Mais vous n'avez peut-être pas la chance d'appartenir à un groupe comme Auchan ou la Macif, où les semaines de travail se limitent à moins de 32 heures (soit quasiment des semaines de quatre jours) ? Pas de panique, **vous pouvez parfaitement négocier ou imposer un rythme de travail allégé. Mais, bien sûr, vous devrez, quelque part, comme on dit, en payer le prix.**

Soyons clairs : quels que soient le prestige de votre diplôme, votre réputation professionnelle, vos états de service antérieurs, vos références et recommandations, aucune entreprise ne vous paiera pour faire de la simple figuration dans ses effectifs. L'incompétence dissimulée ne fait illusion qu'un temps. Ne comptez pas non plus faire le coup du super-pro qui attend que sa hiérarchie le sollicite pour exprimer ses talents. Vos supérieurs hiérarchiques auront vite fait d'établir le rapport entre votre productivité et votre coût salarial. Le DRH d'une SSII parisienne se souvient de ce polytechnicien, spécialiste de haut vol des logiciels financiers, recruté à grands frais pour renforcer le pôle banques. « *Après avoir exigé et obtenu des conditions de travail meilleures à celles en vigueur dans l'entreprise, il n'a pas voulu se conformer aux ratios habituels. Il exigeait davantage de temps pour traiter chaque dossier, refusait de conduire deux missions simultanément, souhaitait augmenter le nombre de ses collaborateurs, recruter une assistante personnelle, privilège dont ne bénéficie aucun autre chef de projet. Tant de*

© Éditions d'Organisation

doléances ont évidemment attiré l'attention sur ses résultats qui se sont avérés insuffisants. Son bail chez nous a été écourté. »

La stratégie du cadre qui recherche l'équilibre entre réussite professionnelle et charge de travail… allégée, doit être plus subtile. Elle commence dès l'embauche. Ainsi, emporté par l'envie farouche de réussir votre période d'essai sans coup férir, vous éviterez cependant de vous illustrer comme un bourreau de travail, alors que votre tempérament et surtout votre projet vont dans le sens contraire. Non seulement vous risqueriez de commettre de fatales erreurs, mais vous éprouveriez beaucoup de difficultés à lever le pied par la suite. **Sachez, par exemple, que les managers ont une fâcheuse tendance à toujours en demander plus à ceux qui en font déjà beaucoup.** Écoutez Pierre, risk manager chez un spécialiste du crédit à la consommation : « *J'ai décroché ce poste après sept mois de recherche. Je suis arrivé pour trouver d'importants retards à rattraper. Je voulais prouver d'emblée ma puissance de travail, asseoir ma réputation. J'ai travaillé comme un fou, soirées et week-ends compris. J'avais promis à mon épouse qu'une fois confirmé, je reprendrais un rythme normal. Une fois confirmé dans mon poste, avec en prime les félicitations du directeur général, les choses ont commencé à se gâter auprès de ma hiérarchie qui a très mal réagi lorsque j'ai voulu ralentir mon rythme de travail. Elle m'a soupçonné* *d'être – déjà – démotivé ! J'ai dû poursuivre au même rythme, et il m'a fallu plusieurs années pour parvenir à un équilibre plus acceptable entre ma vie professionnelle et ma vie privée. »* **Eh oui, il faut en convenir : jouer les accros du boulot sans en avoir l'intention et le tempérament peut jouer des tours pendables.** Paradoxal, mais bien réel. Pour vous extraire de cette spirale, ne changez pas brutalement votre manière de travailler. Réduisez plutôt progressivement votre productivité, de façon imperceptible, jusqu'à atteindre le seuil que vous estimez confortable, compatible à la fois avec vos fonctions, votre personnalité, votre vie personnelle.

Commencez par réduire votre temps de présence au bureau. Une méthode futée pour y parvenir : jouez sur les horaires extrêmes. Par exemple, prenez l'habitude d'arriver très tôt au bureau, pour en repartir plus tôt. Il se trouvera toujours des collègues bien intentionnés pour lancer à la cantonade, sur un ton mi-blagueur mi-dénonciateur, et au moment où vous vous apprêterez à franchir la sortie, vers dix-huit heures : « Vous prenez votre après-midi ? » À ce malveillant, faites remarquer qu'à l'heure où vous ouvriez vos premiers dossiers de la journée, il s'étirait sans doute encore sous sa couette. À l'inverse, vous pouvez, en fonction de votre biorythme et votre organisation personnelle et familiale, choisir d'arriver relativement tard dans la matinée, pour repartir plus tard que la plupart de vos collègues. Sans doute aurez-vous également droit aux remarques acides, si ce n'est à la médisance de quelques-uns : « Encore une panne d'oreiller ? », « La matinée est déjà bien avancée », « Sans doute un rendez-vous impromptu ce matin… ». Surtout, ne vous laissez pas désarçonner par ce type de remarques. Rappelez d'un air détaché que la veille, vous avez éteint votre ordinateur à 21 heures, et avez sans doute été le dernier à quitter le parking de l'entreprise, à une heure où certains expédiaient leur dessert devant la télévision. **Bref, n'hésitez pas à afficher votre différence et affrontez courageusement les regards réprobateurs – vous n'avez rien à vous reprocher et vos engagements professionnels sont tenus.** Très vite, les empêcheurs de s'organiser en rond vous laisseront tranquilles. Bien entendu, il en ira autrement si l'on vous voit débarquer tard dans la matinée alors que vous repartez en fin de journée avant tout le monde. *« J'ai connu un collaborateur de ce genre dans mon service, raconte un DRH. On avait fini par le surnommer « Lifo », un terme comptable, contraction de* last in, first out*. Comme il ne modifiait pas son attitude après plusieurs avertissements et malgré des retards dans sa production, il a fallu s'en séparer. »* Car, outre sa détermination à bousculer les habitudes, le deuxième challenge du cadre qui veut réussir en travaillant moins, réside dans sa capacité à obtenir des résultats en moins de temps que les autres.

- **Premier commandement** : s'astreindre à davantage de rigueur. Travailler moins est toujours synonyme de travailler mieux, c'est-à-dire plus efficacement. Impossible d'y parvenir si l'on perd constamment du temps à chercher des petits papiers dans le fouillis de son bureau. On a calculé qu'un salarié peut perdre jusqu'à deux heures par jour pour retrouver des documents, des e-mails, des numéros de téléphone… Donc, autant de temps gagné si vous faites preuve d'une organisation sans faille. Et il existe mille petites astuces pour gagner ce temps : méthode de tri, carnet de notes, agenda électronique, dictaphone, base de données sur PC… à chacun son outil. À condition bien sûr de s'en servir à bon escient. *« Je traite mon courrier au fur et à mesure qu'il arrive, explique Patrick, consultant en marketing. Je prends des notes, je relève les coordonnées des correspondants intéressants et j'élimine sans état d'âme les sollicitations qui ne me semblent pas dignes d'intérêt. »* Contrainte de dépouiller tous les jours une abondante littérature professionnelle, Andréa, ingénieur de recherche, ne culpabilise pas lorsque, faute de temps, elle a quelques jours de retard : *« Dans ces cas-là, je ne lis que les revues les plus importantes. Parfois même, je me limite à lire les résumés des articles des seules revues incontournables. Tant pis pour le reste. Le pire, c'est de stocker tout cela sur son bureau ou sur les étagères. C'est l'engrenage du retard qui commence alors et il peut mener loin. »* Par ailleurs, en se concentrant sur son travail, on s'épargne les initiatives aussi inutiles que mangeuses de temps. Une récente étude menée auprès des commerciaux français a prouvé qu'ils passaient moins de 20 % de leur temps à la vente. C'est dire si certaines activités annexes sont chronophages…

• **Deuxième commandement** : garder présent à l'esprit ce principe mille fois énoncé par les entreprises : « **Un cadre est payé pour une mission et des résultats, non pour des heures de présence.** » Un argument que les entreprises servent régulièrement à leurs cadres pour justifier les journées à rallonge. Utilisez-le en sens inverse. Ce qui peut nécessiter une petite dose de témérité. En effet, aussi paradoxal que cela puisse paraître, de très nombreux cadres pensent encore soigner leur image en n'utilisant pas tous leurs droits aux congés. Certains pensent même que plus ils montent dans la hiérarchie, plus ils devraient quitter leur bureau tardivement pour souligner leur engagement et leur sens des responsabilités. Ainsi, dans un groupe de distribution, la direction des ressources humaines a dû menacer les cadres de sévères sanctions pour les obliger à consommer enfin toutes leurs heures de RTT ! Et encore, certains ont trouvé le moyen de contourner la limitation imposée : ils pointaient pour indiquer qu'ils quittaient l'entreprise puis, en bons soldats, ils revenaient dare-dare au bureau pour continuer leur travail.

Comment comprendre que 39 % des salariés concernés par le congé de paternité ne demandent même pas à bénéficier de ce nouvel avantage offert par la loi ?[2] Quant à ceux qui font semblant de découvrir fin mai qu'il leur reste plusieurs semaines de congés non « consommés », ils sont légion. Ceux-là se plaignent de surcharge, de stress, de fatigue, mais justement, oublient de… se reposer. Rompez avec cette manie de vouloir en donner plus à l'entreprise. Bien souvent, elle ne vous le demande pas !

Troisième commandement que doit respecter le cadre voulant réussir sans tout sacrifier aux heures de travail : se consacrer aux tâches essentielles de sa mission, celles qui le feron tprogresser parce qu'elles sont au cœur de son métier. Pour y parvenir, le manager qui encadre une équipe devra apprendre à déléguer très largement. Comment s'y prendre ? Facile. Listez toutes les tâches auxquelles vous faites face au quotidien, en les classant par ordre d'importance. Identifiez-en quelques-unes qui vous paraissent les plus représentatives de votre responsabilité de chef. Pour toutes les autres, reposez-vous sur vos collaborateurs. Trouvez parmi eux ceux qui vous semblent avoir les qualités requises pour accomplir chaque type de mission et faites-les travailler. Auparavant, responsabilisez chacun sur la mission qui lui est

---

2. Étude de TNS Sofres réalisée pour le magazine *Parents*.

confiée, et ne donnez surtout pas l'impression de vous débarrasser de corvées comme « on refile une patate chaude ». Attention également à ne pas tomber dans les travers du contremaître, constamment sur le dos de ses collaborateurs. Repliez-vous dans le rôle du conseiller et restez disponible pour aider ceux qui auront besoin d'éclaircissement, d'aide technique, d'appui « politique ». Vous ne tarderez pas à vérifier que **savoir déléguer, c'est se donner les moyens de se consacrer à ses missions essentielles : celles qui vous feront véritablement progresser – c'est sur celles-là que vous êtes évalué – et vous conduiront à la réussite.** Sauf si certains de ses membres s'avèrent particulièrement incompétents, il y a de fortes chances que votre équipe apprécie cette marque de confiance. Tous les psychologues, coaches et spécialistes de l'organisation en entreprise le disent : un collaborateur se sent toujours honoré d'endosser une parcelle des responsabilités de son chef. Il remplit la mission en y mettant le meilleur de lui-même.

Lorsqu'il n'encadre pas d'équipe et n'a donc pas la faculté de déléguer, rien n'est plus tentant pour le collaborateur ambitieux que la volonté de briller de mille feux, simultanément, sur tous les fronts. Manière de prouver qu'il possède l'étoffe d'un incontournable expert. Résistez à ce dangereux penchant qui va de pair avec un orgueil démesuré. Une telle avidité de reconnaissance oblige le cadre à se surcharger, à refuser toute demande d'aide en cas de difficulté, de peur d'avouer d'éventuelles faiblesses ou d'avoir à partager les honneurs du bon résultat. Attitude incompatible avec la stratégie du « travailler moins ». Demandez du renfort chaque fois que nécessaire et faites savoir à votre chef que des collègues vous ont aidé. Non seulement vous partagerez le fardeau de la tâche à accomplir, mais vous passerez pour un partenaire ayant l'esprit d'équipe.

Dans le flot des travaux qui vous seront confiés, ou dont vous pourrez prendre l'initiative, sachez que tous ne présentent pas le même intérêt aux yeux de votre employeur et de votre supérieur hiérarchique, celui-là même qui décide de vos augmentations et promotions. Placez-vous de son point de vue. **Repérez systématiquement ce qui semble lui tenir à cœur et positionnez-vous d'abord sur ces projets-là. Vous aurez souvent la surprise de constater que les tâches les plus ardues ne sont pas toujours les plus valorisantes.** Jacques, commercial dans l'équipement professionnel, en a fait l'expérience. *« Dans notre secteur, il est plus difficile d'augmenter le chiffre d'affaires auprès d'un client acquis que par le recrutement de nouveaux clients. Cela pour une raison simple : le client déjà référencé n'augmentera ses commandes que si lui-même accroît son chiffre d'affaires ou s'il renonce à des approvisionnements complémentaires auprès des concurrents. Mon précédent directeur de zone* *nous incitait à enregistrer davantage de commandes auprès des partenaires fidèles et bons payeurs. L'actuel semble plus impressionné par le carnet de commandes tout court, quelles qu'en soient les sources. Certains collègues ont aussitôt changé de méthode et ont commencé à miser sur la prospection, multipliant les petits volumes à faible marge auprès d'une multitude de nouveaux prospects. Une démarche spectaculaire, efficace, mais peu rentable, compte tenu des faibles marges, des frais de gestion et des risques d'impayés. Il n'empêche : ceux qui ont choisi cette voie ont tous été augmentés. L'année suivante, j'ai commencé à faire la même chose. »*

Certaines réalisations peuvent vous valoir une reconnaissance durable du chef et même des collègues, sans exiger de vous un travail répétitif. Par exemple, une difficulté récurrente à laquelle personne n'a le courage de s'attaquer de front, en prenant l'entière responsabilité du résultat. Mesurez bien votre capacité à résoudre ce problème ; pesez vos chances de succès et lancez-vous. En cas de réussite, vous aurez marqué un excellent point. Vous pouvez aussi faire preuve d'initiative si vous pressentez qu'un projet recouvre une importance vitale pour l'entreprise ou le service auquel vous appartenez : conception ou lancement d'un nouveau produit, réorganisation, déploiement d'un progiciel de gestion intégrée (ERP). Il n'est guère besoin de prendre le leadership du projet.

Faire partie de l'équipe de réalisation suffit à mériter l'étiquette de collaborateur plein d'entrain.

Mais attention, là encore, il ne suffira pas de faire de la figuration. Les équipes comprennent en général deux catégories de partenaires : les créatifs et les tâcherons. Ou si l'on préfère, les forces de proposition et les techniciens. Efforcez-vous de faire partie de la première catégorie. Ce qui suppose néanmoins des compétences aiguisées, une excellente capacité de veille. Trouver deux idées géniales chaque semaine vous coûtera quelques heures de lecture et d'écoute attentives des collègues, concurrents, fournisseurs. En retour, vous passerez bien vite pour le « think thank » à qui l'on demandera moins de s'échiner en réalisation. Avez-vous déjà remarqué avec quelle assurance certains cadres peuvent, les pieds sur la table, lire tranquillement leurs dossiers alors que d'autres virevoltent d'un dossier à l'autre ? Là réside leur secret : ils ont officiellement ou officieusement acquis le statut de « créatifs ».

Mais à moins d'obtenir le statut – rare – de VIP, vous n'échapperez pas à toutes les tâches routinières. Sachez toutefois proportionner vos efforts. **Ne surinvestissez pas sur des problèmes mineurs, dans le but de passer pour un perfectionniste**. À ce jeu-là, vous gagnerez au mieux l'estime (ou l'agacement) de l'assistante du service. Plus sûrement, vous perdrez du temps et vous affublerez de travaux supplémentaires. Bien souvent, le chef déboulera dans votre bureau, juste au moment où vous vous apprêtez à partir, en vous tendant un dossier à traiter de toute urgence. Ne vous laissez pas impressionner. Gardez toujours la tête froide. Et si votre lien de subordination vous oblige à obtempérer, prenez un peu de recul et jugez tranquillement de l'importance de l'affaire. Certaines « urgences » ne sont que le reflet du stress du chef qui connaît lui aussi des pressions. Dans certains cas, n'hésitez pas à vous défausser sur un collègue qui vous semblera « plus compétent pour ce type de dossier ». En glissant négligemment « il saura très bien le faire, il avait déjà brillamment réussi à deux reprises », vous réussirez peut-être à échapper à la corvée.

Tout comme un sportif s'accorde des breaks dans le cours d'un match, attribuez-vous des périodes de récupération : deux ou trois demi-journées par mois, pendant lesquelles vous prendrez le temps de décompresser. Il ne s'agit pas de parader pendant des heures dans les couloirs de l'entreprise, mais de s'accorder du temps pour réfléchir, ranger votre bureau, faire le point sur les missions à venir, avoir un entretien avec votre supérieur, organiser des réunions ou des discussions en tête-à-tête avec vos propres collaborateurs. Faites-en une règle et faites-le savoir.

LE QUIZ

Êtes-vous capable de prendre vos distances avec le travail ?

Du temps pour vous… pourquoi pas ? Mais oserez-vous vraiment, le moment venu, prendre vos distances au risque de mécontenter votre chef ? Ne céderez-vous pas au stress ambiant ? Un exercice simple pour faire le tri entre envie et audace.

Voici une liste de vingt actions d'ordre professionnel et personnel. Après les avoir passées en revue, classez-les du plus important au moins important. Puis reportez-vous au résultat.

1. Faire confiance au travail des autres.

2. Avoir le soutien de sa famille.

3. Faire des pauses régulières dans la journée.

4. Prendre toutes ses RTT.

5. Être régulier et ponctuel à son club de gym.

6. Donner l'impression aux autres que je croule sous le boulot.

7. Justifier son salaire.

8. Déléguer ou sous-traiter ce qui doit l'être.

9. Respecter tous ses engagements familiaux.

10. Ne jamais rater le briefing du lundi matin, animé par le chef de département.

11. Être toujours disponible quand le boss a besoin de moi.

12. Avoir la reconnaissance de mes collègues.

13. Mériter des félicitations.

14. Ne jamais décevoir mon chef.

15. Avoir une vraie passion en dehors du boulot.

16. Toujours donner l'exemple.

17. Savoir terminer un projet.

18. Ne jamais subir de reproche.

19. Toujours respecter les délais.

20. Savoir se sacrifier dans l'intérêt de l'équipe.

Résultats

1 = 2 = 3 = 4 = 5 = 6 = 7 = 8 = 9 = 10 = 11 = 12 = 13 = 14 = 15 = 16 = 17 = 18 = 19 = 20 =

- Votre classement fait apparaître les neuf cœurs en tête des priorités. Vous accordez la plus grande importance à l'équilibre entre vie professionnelle et vie privée, ainsi qu'à la détente. Vous êtes effectivement l'anti-stakhanoviste type.
- Plus les cœurs se raréfient, plus vous apparaissez comme un « studieux » prêt à faire des concessions au détriment de sa vie personnelle.

LE COUP À JOUER

Comme Jacques, faites-vous assister par un adjoint et déléguez

Jacques, qui n'appartient pas à la catégorie des *workaholics*, vient de se faire recruter comme chef du service comptable. *« Très vite, j'ai appris que mon prédécesseur parti à la retraite était un méticuleux jaloux de ses prérogatives. Plusieurs membres de l'équipe souffraient du peu de confiance qu'il leur accordait. J'ai procédé de la manière inverse. »* Jacques nomme un adjoint et attribue des responsabilités à chacun.

Ses collaborateurs, ravis, mettent un point d'honneur à remplir correctement leurs obligations. De surcroît, Jacques n'empile pas les journées de douze heures comme son prédécesseur. *« Je ne me décharge pas de mes propres responsabilités, tient-il à préciser. Je dois notamment m'assurer que toutes les règles sont respectées et les questions techniques les plus difficiles me remontent. Mais je suis beaucoup plus détendu que dans mon précédent job, plus disponible pour d'autres activités et cela n'a pas de prix. »*

MA MEILLEURE MOTIVATION
RESTE L'ARGENT

S'il existait une méthode infaillible pour gagner beaucoup d'argent à n'importe quel poste et dans toute entreprise, cela se saurait. En revanche, si votre rémunération constitue votre principal moteur, assumez clairement ce choix et mettez en œuvre une stratégie adéquate pour parvenir à vos fins. Sans compromettre votre carrière, et quelle que soit la politique de rémunération de votre entreprise.

D eux anciens camarades de fac se retrouvent cinq ans après s'être perdus de vue. Effusions, salutations, nouvelles réciproques sur la santé, la situation familiale et professionnelle. Puis l'un demande tout naturellement : combien gagnes-tu actuellement ? 120 000 dollars par an, répond l'autre sans sourciller. Et son pote de le féliciter : « Bravo, moi j'en suis encore à 100 000. » Ce sont, évidemment, des Américains. En France, le sujet est tabou. Nul ne vous dira qu'il a pour motivation principale de gagner de l'argent. **Pourtant, l'appât du gain n'a rien de moins noble que la volonté de se réaliser ou la poursuite d'une vocation, d'une ambition.**

La meilleure manière de développer sa stratégie pour gagner le plus d'argent possible à son poste, c'est d'abord d'assumer ce choix. *« Beaucoup de cadres font un complexe vis-à-vis de l'argent qu'ils gagnent ou souhaitent gagner, explique le psychologue René d'Antras. Ce qui les pousse encore à penser qu'être motivé par l'appât du gain, c'est mal. Du coup, ils n'osent aborder lors des entretiens les questions de leur rémunération. Résultat : beaucoup d'entre eux se sentent frustrés de ne pas obtenir ce qu'ils pensent mériter. »* **Vous aurez enclenché la bonne mécanique si, dès votre embauche, vous avez bien négocié votre rémunération.** En réalité, témoigne ce consultant du cabinet d'outplacement DGM, *« ceux qui se montrent vraiment exigeants et âpres dans la négociation représentent* *une minorité. La peur de perdre le job l'emporte sur la confiance en sa propre valeur ».* La preuve : à l'exception des hauts dirigeants, les cadres français signent leur contrat d'embauche séance tenante, sous le regard du DRH, après l'avoir rapidement parcouru. Dommage : du *golden hello* (prime de bienvenue) à la prime de mobilité en passant par la clause dite du premier avancement, **la somme des avantages individuels que l'on peut grappiller, mais que très peu de candidats songent à réclamer, est impressionnante.** Évidemment, étant candidat et donc demandeur, vous risqueriez d'agacer le recruteur si vous débarquiez en brandissant d'entrée votre liste d'exigences salariales. D'autant plus que les entreprises ont chacune construit leur grille de rémunération, une grille qui leur sert de socle. Aux AGF par exemple, chaque poste est rattaché à une fonction et chaque fonction à une classe. On distingue ainsi dans ce groupe de plus de trente-deux mille collaborateurs, seize grandes familles professionnelles subdivisées chacune en sept classes. Difficile d'obtenir des avantages extravagants. Il n'empêche : le système laisse une large place à l'individualisation. **L'expérience personnelle, le niveau des objectifs demandés et même le contexte du poste (difficulté de la succession, ambiance sociale) peuvent se monnayer.** Nommé directeur d'usine, Charles a réussi à augmenter son salaire de 15 % en s'engageant sur des résultats légèrement supérieurs à ceux demandés par son nouvel employeur. « *Ces objectifs étaient manifestement inférieurs à ceux auxquels j'étais habitué dans ma précédente entreprise, explique l'intéressé. J'avais le choix entre deux stratégies : accepter les conditions qu'on me proposait, puis monter en puissance pour demander une augmentation dès la première année, ou m'engager tout de suite sur des résultats que je savais parfaitement possibles. En retenant la première option, j'ai gagné une année.* » Dans un autre contexte, celui d'une PME particulièrement agitée sur le plan social, un nouveau directeur du personnel a imposé le principe d'une prime pour… paix sociale s'il parvenait à pacifier les troupes tout long de l'année. « *Ce bonus n'existait pas, alors que le poste a connu trois titulaires en moins de deux ans* », raconte l'habile négociateur.

Désireuses d'introduire des doses d'individualisation de plus en plus fortes, les entreprises sont ravies de lier rémunération et résultats. Surfez sur cette vague. **Quel que soit votre poste, acheteur, cadre financier, contrôleur de gestion, créatif dans la publicité, informaticien cost killer, chef de groupe marketing ou directeur de la pub, vous pouvez obtenir une indexation partielle de votre salaire sur vos résultats.** Il suffit de bien choisir les indicateurs, de concert avec l'entreprise, votre chef, et, éventuellement, les collègues occupant la même fonction, ce qui bien entendu reste un pari. Vous pensez ne plus pouvoir changer sensiblement la courbe de votre rémunération sauf promotion hiérarchique ? Erreur ! Bien sûr, l'ascension s'accompagne souvent d'avantages salariaux. Mais ces derniers peuvent très bien intervenir en l'absence de tout changement de statut. D'ailleurs, certaines pseudo-promotions sont habilement accordées pour flatter l'ego du bénéficiaire… afin de ne pas avoir à l'augmenter. À vous de toujours faire le bon choix, si vous décidez de privilégier les espèces sonnantes et trébuchantes. **N'acceptez donc pas les postes qui redoreraient votre blason sans garnir votre portefeuille.** Après tout, certains vendeurs grands comptes gagnent bien plus que leur directeur commercial et certains P-DG sont coiffés au poteau par les meilleurs chercheurs, financiers ou commerciaux placés sous leurs ordres.

De même, les modes et niveaux de rémunération peuvent varier amplement à l'intérieur d'un même groupe de sociétés. C'est le cas chez PPR (Pinault-Printemps-Redoute) où de notables disparités existent encore entre les différentes enseignes. Il n'y a pas de scrupules à regarder de près les grilles internes et à postuler là où se trouvent les meilleurs avantages. En fait, combien de cadres, salariés de grands groupes, comparent sérieusement les pratiques salariales des filiales ? Combien suivent de près la politique de rémunération à l'embauche ? Or, on sait que les niveaux de salaire varient sensiblement d'une année à l'autre en fonction du marché de l'emploi. Embauché en période difficile, donc à un salaire situé dans la fourchette basse, le cadre peut très bien profiter d'une période de tension sur le marché pour demander un réajustement, un « alignement » sur les nouvelles offres. Question d'argumentation évidemment.

Dans tous les cas, vous n'obtiendrez rien de plus que la convention collective de branche ou la convention d'entreprise si vous n'allez pas frapper à la porte de votre supérieur hiérarchique. Vous aurez beau afficher de mirobolants résultats, votre stratégie sera vouée à l'échec ou, au mieux, couronnée d'un succès très mitigé si, drapé dans votre dignité, vous attendez que la reconnaissance vienne « d'en haut ». « *La tendance naturelle de l'entreprise, c'est de considérer qu'il est normal que vous fassiez bien le job pour lequel vous êtes payé, explique le coach Pierre Langlois. D'où la nécessité de réclamer sa récompense, quand on l'estime méritée.* » En un mot comme en mille : échec aux timides.

Et ne vous croyez pas tenu par un « devoir moral » de sacrifice envers l'entreprise. Qu'elle soit prospère comme LVMH et Renault-Nissan, durablement malade, à l'instar d'Alstom et Bull, ou en phase de décollage comme le fabricant de mémoires grenoblois Soitec, considérez en toutes circonstances que la juste rémunération de votre contribution est un acte de bonne gestion. Quant à la fréquence des demandes d'augmentation, n'hésitez pas à en formuler une systématiquement, tous les ans. À condition bien sûr de pouvoir la justifier. **Si les performances démontrables sont à la hauteur, loin de vous desservir, cette stratégie de « harcèlement du chef » réussira au-delà de vos espérances.** Le manager aura tendance à anticiper votre demande et à imaginer la solution susceptible de vous convenir. Du coup, ce n'est plus vous qui connaissez l'angoisse de l'entretien annuel, mais lui !

C'est une chose de savoir saisir toutes les occasions pour augmenter sa rémunération, c'en est une autre de mener à bien la négociation. Ne perdons pas de vue que le rapport de force reste très largement favorable à l'entreprise, sauf cas exceptionnel du cadre détenteur d'une compétence extrêmement rare. Les trois erreurs à ne pas commettre : bouder pour faire connaître son mécontentement, faire du chantage à la démission et tenter de jouer (uniquement) sur l'affectif pour arracher quelques concessions.

Oubliez la stratégie de la bouderie, elle risque d'être mal interprétée, surtout si en toute bonne foi, votre supérieur estime que vous êtes déjà payé à votre juste valeur. C'est ainsi qu'Henri, secrétaire général d'une mutuelle, jusque-là apprécié de sa direction générale, a failli se brouiller avec son DG : « *Depuis deux ans, je n'avais pas obtenu la moindre évolution. La troisième année, j'ai voulu marquer le coup. J'ai donc commencé une discrète course de lenteur dans la gestion des dossiers. Le message reçu n'a pas* été celui que je voulais faire passer. *Tout à coup, des rumeurs ont commencé à circuler, faisant état d'une mésentente entre le DG et moi. D'autres allaient jusqu'à annoncer mon recrutement par une mutuelle concurrente.* » Même dans le cas où votre hiérarchie comprendrait votre problème, elle pourrait affecter de ne rien capter. Le non-dit pourrait durer plusieurs mois et vous finiriez par changer d'attitude. Sauf à crever l'abcès ou, au contraire, à dégrader durablement vos relations avec vos chefs.

Le chantage à la démission peut s'avérer payant, mais il comporte des risques. On n'est jamais sûr et certain de peser le poids que l'on pense. Imaginez un seul instant que votre supérieur vous prenne au mot… En outre, la technique ne peut servir qu'une fois. Brandir chaque année une lettre d'embauche de la concurrence vous décrédibiliserait. Enfin, vous risquez d'écorner la confiance que votre chef a placée en vous s'il se sent trahi par votre comportement de mercenaire. À manier donc avec précaution, en dernier recours.

Reste l'affectif, souvent décliné sur le mode : « Le petit dernier entre en prépa cette année, j'ai encore les traites de la villa, j'ai besoin de cette augmentation, vous ne pouvez pas me la refuser. » Non seulement vous donnez l'impression de quémander une faveur, mais cette stratégie vous expose à bien des déconvenues : le refus poli, l'augmentation symbolique assortie de conditions tacites de productivité future ou même d'allégeance. Et là encore, impossible de rééditer le scénario les années suivantes. S'il vous faut – une fois n'est pas coutume – en arriver à d'amicales pressions sur votre hiérarchie pour arracher une décision favorable, préférez de loin la méthode soft qui consiste à recenser un certain nombre d'entreprises offrant à l'embauche des salaires bien supérieurs au vôtre pour un poste équivalent. Les petites annonces des magazines haut de gamme en regorgent.

Seulement n'exigez pas toujours des espèces sonnantes et trébuchantes. Tout avantage concédé est bon à prendre. Les avantages en nature les plus usuels tels que la voiture de fonction ou le téléphone mobile, la retraite sur-complémentaire, le remboursement des frais avec cartes d'abonnement train ou avion, une bonne couverture des frais de santé… les cadres n'ont pas toujours une vision exacte de ce que pèsent ces avantages divers. Une voiture de fonction peut représenter jusqu'à 8 500 euros par an. En France, 92 % des entreprises proposent une voiture de fonction à au moins une catégorie de salariés et 88 % d'entre elles proposent un téléphone mobile selon le guide Apec / Hewitt « Le salaire des cadres en Europe ». Même si certains de ses avantages constituent en même temps des outils de travail, ce sont des éléments d'optimisation fiscale et sociale de la rémunération conçue comme un package. À vous les bons d'essence bien utilisés, les miles accumulés lors de vos déplacements professionnels ou la retraite maison qui vous évite un gigantesque effort d'épargne complémentaire. À prendre – sérieusement – en compte lors de votre future négociation salariale.

Pour maximiser vos gains, ne misez pas uniquement sur les augmentations individuelles. Pensez aux désormais classiques intéressement et participation, qui concernent maintenant près de 40 % des salariés. Il ne s'agit pas seulement de se savoir « couvert » par un accord de participation et/ou d'intéressement. Celui qui veut optimiser doit aller plus loin. Par exemple, laisser tranquillement fructifier ses primes d'intéressement sur le plan d'épargne d'entreprise (PEE), jusqu'à 25 % du salaire brut, ce qui peut représenter une somme rondelette, pour le récupérer net d'impôt au bout de cinq ans, au lieu de le toucher immédiatement sans en avoir réellement besoin. Ce n'est pas tout : bon nombre de cadres ne répondent pas aux questionnaires adressés régulièrement par les gestionnaires d'épargne collective. Entre les différentes options proposées : investir en action de l'entreprise, en Sicav ordinaires ou autres produits à risque, ils choisissent de… ne pas choisir. Résultat : ils laissent les gestionnaires agir à leur place. Comportement qui ne dénote pas une gestion rigoureuse de ses actifs personnels.

Enfin, si vous êtes intéressé au premier chef par l'accumulation de revenus de tous ordres, ne négligez pas les possibilités offertes par l'actionnariat salarié, dont le montant s'élève en France à plus de 20 milliards d'euros. Pour certains, la formule se résume encore à l'acceptation passive de stock-options généreusement distribuées par les directions générales. On peut mieux faire, en sautant sur toutes les bonnes occasions d'acquérir des actions décotées (c'est-à-dire cédées à prix d'ami par l'entreprise). À l'image du plan Value in action (VIA) par lequel PPR a proposé des actions à ses collaborateurs, avec une décote de 20 %, ajouté à un abondement. Certains groupes ont pour ligne de conduite de proposer des plans d'actionnariat réguliers comme Air Liquide qui en offre tous les deux ans à ses collaborateurs. Preuve que tout le monde n'a pas pour stratégie première la maximisation de toutes les formes de revenus, la bonne affaire du plan d'actions décotées de PPR n'a séduit que la moitié des salariés potentiellement bénéficiaires. À la différence des cadres américains qui témoignent souvent leur foi dans l'entreprise (et donc dans leur propre job) en investissant fortement dans ses actions, les Français restent relativement passifs. Et si vous osiez imiter vos collègues d'Outre-Atlantique ? À condition de croire en l'avenir de votre entreprise, bien sûr.

Il est aussi vrai que l'actionnariat est un investissement risqué qu'il faut considérer avec beaucoup de précautions, après discussion avec son conjoint. Mais le risque ne fait-il pas partie du comportement naturel de toute personne qui veut s'enrichir ?

Toutefois, n'espérez pas encaisser des bonus, augmentations, primes intéressement, participations et bénéfices d'actions sans en payer le prix. Dans ce domaine, il n'y a guère de mystère : tout stakhanoviste ne bénéficie pas d'une rémunération à la hauteur de sa contribution, mais **impossible de figurer tous les ans au tableau d'honneur sans efforts méritoires.** Dans certaines entreprises comme Accenture, il n'est pas rare que les super-consultants, ceux qui empochent les plus gros salaires, enchaînent jusqu'à 72 heures de travail d'affilée ! En passant sous les fenêtres du siège de l'Oréal à Clichy (92), on tombe parfois sur des cadres qui rentrent enfin chez eux, après 23 heures. Les très grandes entreprises n'ont pas l'apanage du « *day and night* » : les start-ups le vivent également. Mais quand on aime l'argent, et qu'on en reçoit de son employeur, on peut bien ne pas compter ses heures.

LE QUIZ

Suis-je vraiment un chasseur de primes ?

1. Votre salaire est manifestement supérieur à la moyenne de la profession :
a - Vous en tirez une fierté légitime
b - Vous vous abstenez de demander de nouvelles augmentations, afin de ne pas attirer l'attention sur votre cas

2. Le chef vient de vous refuser une augmentation :
a - Vous négociez une prime compensatoire
b - Vous prévoyez de demander une plus forte augmentation l'année prochaine

3. Quand vous lisez les offres d'emplois :
a - Vous vous intéressez aux offres assorties de salaires plus élevés
b - Vous privilégiez les intitulés de poste

4. Les temps sont difficiles pour l'entreprise. Vous décrochez néanmoins un bonus symbolique :
a - Vous faites remarquer que vous méritiez plus et obtenez la promesse d'une rallonge l'année prochaine
b - Vous remerciez chaleureusement le chef de sa confiance

5. Un challenge est lancé dans l'entreprise, avec, à la clé, un voyage aux Seychelles, avec épouse et enfants :
a - Vous en parlez à votre famille au dîner et vous vous défoncez en rêvant du trophée
b - Cela vous laisse de marbre. De toute façon, vous êtes certain de ne pas supporter le climat des tropiques

6. Un accord d'intéressement et de participation vient d'être signé :
a - Vous faites tourner Excel pour savoir ce que vous toucherez
b - Vous glissez la notice d'information dans un tiroir

7. Par quelques indiscrétions, vous découvrez que vous êtes moins bien payé que vos collègues :

a - Vous attendez le moment opportun et vous exigez un réajustement

b - Vous y voyez un signe supplémentaire de l'injustice dont vous êtes victime dans cette boîte

8. Lors d'un dîner en ville, la conversation tourne autour des salaires et des avantages :

a - Vous prenez note des avantages sociaux que les convives évoquent, afin de vérifier qu'ils n'existent pas dans votre entreprise

b - Vous gardez le silence, car vous ne savez pas vraiment à quoi correspond la partie variable de votre rémunération

9. Votre entreprise va introduire plus d'individualisation dans le système de rémunération :

a - Vous êtes ravi, persuadé de pouvoir accroître vos résultats

b - Vous redoutez que les objectifs soient fixés ou trop haut ou à la tête du client

10. Vous êtes contacté par un chasseur de têtes qui vous fait miroiter un salaire substantiellement plus important :

a - Vous craquez immédiatement

b - Vous relativisez en mettant dans la balance l'ambiance de travail dans votre poste actuel

Résultats

- **Plus vous avez coché de réponse a**, plus votre attachement à l'argent, en tant qu'outil de motivation, est fort.
- **De 10 à 7 réponses a :** c'est clair, pour vous, l'argent fait le bonheur professionnel.
- **De 6 à 4 réponses a :** vous n'êtes pas prêt à faire n'importe quelle concession pour gagner plus.

• **Moins de 4 réponses a :** définitivement, l'argent n'est pas votre principal moteur.

LE COUP À JOUER

Comme Julien, gagnez des avantages

Responsable de la veille technologique dans une entreprise chimique, Julien ne peut bénéficier des bonus dont profitent les commerciaux, les contrôleurs de gestion, les hommes de marketing, ainsi que ses collègues du recrutement. *« Ils ont des primes adossées à des résultats mesurables. Le principe ne peut s'appliquer à ma fonction qui est un peu statique »*, reconnaît-il. Un supplice pour ce documentaliste de formation, très sensible à toute gratification en espèces sonnantes et trébuchantes. Mais Julien a trouvé l'astuce pour, lui aussi, bénéficier de primes régulières : convaincre ses supérieurs qu'il serait judicieux de lui permettre de participer aux voyages d'études organisés par les associations professionnelles, les chambres de commerce et les cabinets conseil. *« D'accord, mais à condition que ces déplacements nous apportent des idées concrètes »*, répond la direction.
C'est chose faite : six fois par an, Julien part pour « observer de près » des entreprises concurrentes aux États-Unis, en Angleterre, en Allemagne, en Suisse, en Chine, en Suède… *« Je veille à ramener des pistes exploitables »*, confirme-t-il. Parmi les trouvailles glanées au cours de ces voyages : un système de distribution par Extranet (site réservé aux distributeurs agréés), une méthode de reporting financier qui fait gagner une semaine de travail par trimestre, un modèle de mise en réseau des commerciaux. *« Toutes les idées que je glane ne sont pas mises en pratique, mais elles ont toutes*

l'avantage de nous faire réfléchir sur notre organisation. Ce qui, de l'avis de tous les chefs de département, est bénéfique », dit le veilleur technologique devenu « *frequent flyer* ».

Côté rémunération, ces déplacements rapportent à double titre. D'abord, les frais de mission (en moyenne trois jours par voyage) lui permettent d'arrondir ses fins de mois. Ensuite, il perçoit (enfin) des primes, sur la base des améliorations apportées au fonctionnement des services, grâce aux concepts importés de l'étranger. Sans parler de la considération dont son job bénéficie désormais. « *Avant ces voyages, certains ne voyaient en moi qu'un archiviste d'entresol. Désormais, mon bureau est considéré comme un mini-laboratoire d'idées.* »

JE SUIS UN ACCRO DU BOULOT

Quatorze heures par jour et vous ne rechignez pas à faire du rab à la maison. Loin de vous épuiser, ce rythme d'enfer vous épanouit. Surtout, ne changez rien si cela contribue vraiment à votre équilibre personnel sans nuire à votre vie personnelle. Mais dans la relation qui vous lie à l'entreprise, veillez à ne pas être lésé. Pouvoir et gros salaire ne font pas partie de vos motivations premières ? Votre exceptionnelle productivité mérite cependant reconnaissance : ne bradez pas votre puissance de travail.

Aussi étonnant que cela puisse paraître, tous ceux qui se disent ou se croient accros du boulot ne le sont pas. Avant de vous classer dans la catégorie des « bulldozers et fiers de l'être » et de conclure que vous êtes vraiment amoureux de votre travail, interrogez-vous donc sans complaisance sur vos motivations profondes. Constater que vous travaillez durant de longues heures au bureau ne suffit pas. **Vérifiez franchement que votre « soif du travail » ne cache pas des difficultés personnelles qu'inconsciemment, vous fuyez.**

En effet, on a parfois tendance à noyer ses soucis dans le boulot comme d'autres les diluent dans l'alcool et autres plaisirs artificiels. Difficultés conjugales, problèmes relationnels avec ses enfants, ennuis de santé, déceptions amoureuses peuvent vous avoir momentanément transformé en stakhanoviste. La peur de perdre leur job transforme plus d'un cadre en TCAM (taillable et corvéable à merci). *« Je vais travailler la peur au ventre »*, avoue ce directeur d'agence d'un établissement financier. Autodidacte parvenu à son poste à la force du poignet, il a une solide réputation de fonceur, que son nouveau directeur régional utilise contre lui ! *« Plus j'en fais, plus on m'en demande. J'ai l'impression d'être un athlète à qui on demande des performances inhumaines. Je redoute l'erreur fatale, je ne peux pas faire d'aveu d'incapacité, car on me remplacerait aussitôt à mon poste que je sais convoité. Toute l'année, je suis au taquet. Je n'ai plus de soirée, plus de week-end. En vacances, mon programme de détente se résume à dormir. »*

Comme chez les athlètes entraînés par des coaches trop exigeants, cette fuite en avant peut conduire au dopage. Ce n'est pas un hasard si bon nombre de cols blancs gros consommateurs d'alcool sont aussi des rois (ou anciens princes) de la productivité. Si vous ressentez une dépendance, mieux vaut demander l'aide de vos proches, d'un médecin, d'un psy ou d'un coach pour revenir progressivement à un rythme normal.

« *Quand je recrute un cadre qui en fait trop, je commence par me demander ce que cela cache* », expose ce patron de PME spécialisé dans la machine-outil. *« Avant de le considérer comme une perle rare, j'attends qu'il confirme son rythme de travail sur une durée d'au moins un an. »* Difficile de faire illusion sur une aussi longue période. Mieux vaut encore provoquer une discussion avec le supérieur hiérarchique afin de sortir de la spirale.

Il arrive aussi qu'un cadre surqualifié pour le poste qu'il occupe compense son « déclassement » par un volume de travail largement au-dessus de la moyenne. Une manière de se distinguer des collègues de même niveau hiérarchique. Soit pour satisfaire son ego, soit pour adresser un signe désespéré à la hiérarchie. Une débauche d'énergie pour un succès non garanti. Les témoignages de ces cadres à l'étroit dans leurs fonctions, la tête contre le plafond, sont nombreux. Gérard, analyste dans une petite SSII de soixante personnes, confie : *« J'occupe ce poste depuis cinq ans, j'en ai fait le tour. J'aimerais passer chef de projet. Quelques collègues recrutés après moi ont déjà ce titre. J'ignore pour quelles raisons je ne bénéficie pas encore d'une promotion, mais je suis décidé à montrer de quoi je suis capable. »* Fort de cette conviction, il enchaîne les heures de bureau. Volontaire pour toutes les missions difficiles, il fait preuve d'une extraordinaire productivité. Mais toujours pas de promotion à l'horizon. Normal, sa boulimie de travail n'en fait pas un futur manager, situation à laquelle il aspire.

Accro, passionné par votre travail, vous en voulez toujours plus. Les longues heures de bureau ne vous font pas peur. En prime, vous emmenez régulièrement du travail à la maison. Plus on vous en confie, mieux vous vous portez. *Workaholic* ? Peut-être, mais vous n'êtes pas une exception. Un cadre sur quatre travaille entre 40 et 50 heures par semaine, un sur huit va au-delà des 50 heures. Et quoi qu'elles en disent, les entreprises apprécient les gros bosseurs. Normal : le rapport entre leur contribution et leur rémunération est plutôt favorable à l'employeur. Si l'exubérance d'une vie professionnelle très bien remplie contribue réellement à votre épanouissement personnel, sans risque pour votre santé,

© Éditions d'Organisation

pourquoi y changer quelque chose, sous prétexte que l'air du temps est aux 35 heures et que les journaux regorgent d'articles sur le stress et l'équilibre vie professionnelle / vie privée ? Jean-Claude, ingénieur de production dans l'électronique, le dit sans ambages : « *Je suis passionné par mon travail. J'ai la chance de travailler dans une entreprise performante, dans un environnement agréable. Jamais je ne sens le temps passer quand je suis au bureau et il m'arrive même de m'ennuyer en vacances, et je n'en rougis pas.* » Dans la relation que vous entretenez avec l'entreprise, pensez plutôt à exploiter à bon escient cette puissance de travail qui vous caractérise, même si, pour vous, amour du travail ne rime pas avec quête du pouvoir et course au gros salaire.

Une auto-évaluation sans complaisance vous confirme que vous appartenez bien à la catégorie des *workaholics*, que vous êtes donc un authentique accro au travail, alors utilisez à fond – c'est-à-dire à bon escient – ce trait de votre personnalité pour valoriser votre carrière. À bon escient car **être abonné aux longues journées ne sert à rien si l'on ne vous confie pas des chantiers motivants et si le travail accompli n'est pas sanctionné par une forme ou une autre de récompense.**

Et ne croyez pas que la gratitude du chef (comme celle de vos collègues) vienne naturellement. Bien souvent, vous devrez la susciter et l'entretenir.

Tous les supérieurs hiérarchiques ne font pas de leurs meilleurs éléments leurs meilleurs amis. Bien au contraire, certains d'entre eux ont même intérêt à les malmener (en apparence) pour les faire travailler au maximum de leurs capacités et éviter qu'ils « attrapent la grosse tête ». En voici quelques figures...

• **Le casseur :** un manager aura, le premier, remarqué votre efficacité, votre rapidité d'exécution, votre goût pour les défis. Loin de faire de vous un leader, un conseiller, un bras droit ou de vous élever au-dessus du lot, il tentera de vous noyer sous un flot de multiples travaux fragmentés, dont vous ne pourrez pas revendiquer l'entière responsabilité. Vous voici préposé aux petites tâches particulièrement difficiles que ce manager vous confie en catimini, dans le huis clos de son bureau ou entre deux portes. *« Mon supérieur hiérarchique avait l'habitude de me faire travailler sur les prévisions de ventes des magasins, témoigne ce cadre comptable d'une chaîne de distribution textile. Mais il ne m'a jamais officiellement nommé responsable de cette activité très importante pour les approvisionnements et pour la trésorerie. En fait, il récoltait les félicitations de la direction, sans me les répercuter. »*

• **L'usurpateur** : c'est le chef qui vous fait phosphorer en permanence pour piller sans vergogne vos meilleures idées. Il vous fait venir dans son bureau, et d'un ton on ne peut plus mielleux, vous demande de trouver

© Éditions d'Organisation

des idées de promotions pour la saison prochaine. Vous épluchez la documentation disponible, procédez à une mini-étude de marché, interrogez les vendeurs, passez une partie de vos week-ends sur le dossier, et finissez par lui présenter vos meilleures trouvailles. Il les récupère sans même vous féliciter et les présente en réunion sans mentionner votre participation.

• **Le profiteur** : plus vicieux encore, le chef qui fait semblant de ne pas s'apercevoir que vous travaillez plus que la moyenne. Il a l'art de vous confier toutes les urgences réelles ou supposées, de vous faire revenir dare-dare au bureau pour l'aider, n'hésite pas à vous imposer des réunions un peu trop matinales, tout en trouvant normal que vous remplissiez « votre devoir ».

• **Et les autres**… Ce supérieur hiérarchique ne sera pas le seul à tenter de profiter de votre puissance de travail. Une partie de vos collègues voudra tirer profit de vos capacités, mais à vos dépens. Comment ? En flattant votre ego, ils vous refileront leur travail, trop heureux que vous cherchiez à vous distinguer. « Demandez donc à Durand, il ne recule devant rien. » « Durand nous fera ça en un clin d'œil », etc.… Plus subtilement, ils vous demanderont « de l'aide » pour tel dossier, et finiront par vous le laisser sur les bras. Une autre partie peut vous prendre en grippe, vous accusant de zèle intempestif, de carriérisme débridé et autres amabilités. « *J'ai entendu toutes sortes de propos* *désobligeants* », raconte stoïque, Jean-Paul, designer, *workaholic* avéré, ennemi des congés RTT qu'il ne prend que contraint et forcé. « *On m'a accusé de brader le métier, de viser la place de mon chef et enfin, de négliger ma famille, ce qui évidemment était faux.* »

Afin d'éviter de telles déconvenues, affichez un minimum d'exigence. Ne donnez jamais l'impression d'accepter des missions faute de n'avoir pu dire non. Si vous acceptez une mission, assumez-la. Ne culpabilisez pas et ne vous sentez nullement obligé de vous plaindre auprès de vos collègues sur l'air du : « comment vais-je m'en sortir, je m'en serais bien passé, je suis déjà trop chargé. » **Même si l'envie vous démange, refusez certaines tâches que vous jugez subalternes ou répétitives, surtout si vous remarquez une certaine tendance du chef à vous les confier systématiquement.**

Et si, à l'issue d'un dossier bouclé au forceps, la reconnaissance ne vient pas spontanément, n'hésitez pas à la solliciter, voire à la réclamer. Ne vous contentez pas d'un sourire entendu. On l'a vu, l'argent ne fait pas partie de vos principales motivations, mais avouez qu'il serait absurde de négliger sa carrière et son pouvoir d'achat sous le seul prétexte de l'amour du travail. Aussi, devez-vous, de façon lucide, tenir une vraie comptabilité de vos différentes contributions, à exhiber le moment venu, si d'aventure votre évolution de carrière ne semble pas correspondre à vos attentes. Cumuler excès de travail et excès de modestie reviendrait tout simplement à gâcher votre talent. « *Il m'a fallu trois ans de patience avant de commencer à poser mes conditions, témoigne ce responsable des services généraux en poste chez un spécialiste de l'énergie. À chaque entretien, mon supérieur, pourtant attentif à mes interventions, semblait avoir perdu la mémoire. J'ai fini par tenir un vrai journal de toutes mes réalisations que je lui ai adressé quelques jours avant mon dernier entretien. Cela l'a impressionné, j'ai obtenu sans discussion tout ce que je demandais : augmentation de salaire et moyens accrus.* »

Il se peut cependant qu'en dépit de vos efforts, l'entreprise ne veuille ou ne puisse pas vous accorder la reconnaissance (augmentation, promotion) méritée. Avant de réagir négativement, par exemple en levant ostensiblement le pied, procédez à une froide analyse du contexte : votre débauche d'énergie était visible, mais peut-être pas vos résultats. La mauvaise perception de votre travail peut provenir de sa qualité (trop de travail nuit parfois au travail). **Car si l'on compte une bonne proportion de perfectionnistes parmi les accros au boulot, il existe également bon nombre de compulsifs qui ne prennent pas le temps de soigner leur ouvrage,** trop pressés de passer à de nouvelles tâches comme pour battre un record de productivité. Attitude pour le moins nuisible. Faites preuve de patience, prenez le temps de peaufiner vos dossiers.

Le décalage entre votre abnégation au travail et la piètre reconnaissance qui vous est rendue peut également trouver son origine dans l'image que vous vous êtes involontairement forgée. Trop besogneux, vous donnez plus l'impression de vous acharner sur le travail que de vous y éclater. Du coup, vos supérieurs, collaborateurs et collègues vous jugent, à tort ou à raison, mal organisé, ou, pire, pas assez compétent. Revoyez de fond en comble votre organisation. Allégez vos horaires de bureau, donnez-vous un air un peu plus décontracté, apparaissez moins accroché au travail, quitte à emmener très discrètement du travail chez vous le soir, si votre vie de famille le permet.

Peut-être vous êtes vous inconsciemment isolé du reste de vos collaborateurs, suscitant du même coup une mauvaise appréciation sur vos aptitudes à travailler en équipe. Les travailleurs acharnés sont en général des hommes (et des femmes) pressés, impatients. Ils trouvent que les autres n'avancent pas assez vite. Ce qui peut les inciter et les entraîner à jouer en solo. Assurez-vous que vous n'êtes pas en train de tomber dans ce piège. Vérifiez que, le nez sur le guidon, vous ne vivez pas en apnée, sourd à ceux qui vous entourent. Trop occupé pour aller déjeuner régulièrement avec vos collègues, pas le temps d'échanger à la machine à café et encore moins de prendre part au prochain pot d'anniversaire d'un collègue qui veut fêter ses quarante ans… Encore une attitude qui peut vous valoir de mauvaises appréciations, même si votre travail lui, reste irréprochable.

Vous avez vérifié tous ces points et ne comprenez toujours pas pourquoi votre chef profite de votre excellente productivité sans vous en récompenser ? Faites connaître vos réalisations en dehors de votre service ou unité. Une réputation de gros travailleur (si vous en êtes vraiment un) se fait très vite et d'autres managers seraient ravis de vous accueillir dans leur équipe. En attendant, il n'y a aucune raison de brader vos forces. Continuez à travailler beaucoup, puisque vous en avez besoin pour vous épanouir, mais travaillez pour vous ! Au bureau, rétrogradez et donnez-vous du temps pour une ou plusieurs activités extra-professionnelles, susceptibles de vous combler sur le plan intellectuel : impliquez-vous dans la vie associative, faites du mécénat de compétence, entamez la rédaction d'un livre… Vous n'avez que l'embarras du choix.

LE QUIZ

Êtes-vous vraiment un accroc du boulot ?

Le travail, c'est ma vie, dites-vous… Bosser est à la fois votre gagne-pain, votre passion, votre hobby, votre façon de vous réaliser. À quels signes le voyez-vous ? Ceux-ci (parmi d'autres), ne trompent pas.

Répondez franchement, par Oui ou par Non, aux questions suivantes.

1. Parmi vos trois plus beaux souvenirs, deux au moins ont rapport avec le travail :
OUI   NON

2. Vous ramenez du travail à la maison tous les week-ends :
OUI   NON

3. Serez-vous capable de tenir trois jours sans parler boulot à la maison ?
OUI   NON

4. Vous sentez-vous flatté de travailler quantitativement plus que la plupart de vos collègues :
OUI   NON

5. Il vous arrive de tapoter votre ordinateur portable sous la couette ou de dîner en lisant un dossier :
OUI   NON

6. Vous préférez traiter vous-même les dossiers importants plutôt que de les déléguer à un collaborateur :
OUI   NON

7. La plupart de vos collègues et collaborateurs vous semblent « lents » :
OUI   NON

8. Vous avez du mal à vous « débrancher », vous pensez boulot au volant de votre voiture, ou le week-end pendant votre jogging :
OUI NON

9. Vous culpabilisez quand il vous arrive d'avoir des moments libres, sans rien d'urgent à faire :
OUI NON

10. Vous avez tendance à sous-estimer le temps nécessaire à la réalisation de certaines tâches
OUI NON

Réponses

- **De 10 à 7 Oui :** le boulot est décidément votre truc. Pourquoi changer ? Mais ne soyez pas victime du burn-out. Songez à prendre des moments de « respiration ».
- **De 7 à 5 Oui :** le boulot oui, mais pas seulement. Et c'est tant mieux.
- **Moins de 5 Oui :** vous ne surestimez pas l'importance du travail dans votre vie et il n'y a aucune culpabilité à avoir !

LE COUP À JOUER

Vous êtes un gros bosseur : comme Gérard, obtenez des horaires souples

Il ne compte pas ses heures, ramène régulièrement du travail à la maison, ne dédaigne pas faire un tour au bureau certains week-ends. Bref, Gérard, informaticien, fait partie de ces cadres que les entreprises apprécient pour leur abnégation. Ce bourreau de travail est justement payé en retour : primes et augmentations sont au rendez-vous. Mais, reconnaît-il,

« Je ne peux quand même pas demander une augmentation ou une promotion tous les ans ». Comment, alors, monnayer sa très grande disponibilité ? Gérard vient d'obtenir de son chef un statut particulier : sa durée théorique de travail est planifiée sur l'année. À la différence de ses collègues, il n'est plus tenu de justifier sa présence au bureau. Un gros avantage pour cet amoureux de la nature qui, tout travailleur qu'il est, adore la campagne. Depuis, il multiplie les weekends de trois jours dans sa résidence secondaire, quitte à pianoter sur son ordinateur portable à l'ombre des pommiers et à passer certaines soirées au bureau.

MON PREMIER OBJECTIF :
LA SÉCURITÉ DE MON EMPLOI

Vous vous êtes battu pour obtenir ce poste stable, dans cette entreprise solide et réputée. Dans le même temps, vous avez gagné la considération de la direction et celle des jeunes arrivants. En toute logique, vous ne demandez qu'à gérer tranquillement cette « belle acquisition ». Êtes-vous pour autant à l'abri d'un accident de carrière ? Pas si sûr. La sécurité professionnelle ne se mesure pas seulement à l'aune de votre quiétude apparente. Cette dernière pourrait même se révéler votre pire ennemi.

« Tous les cadres, débutants ou confirmés, moyens ou supérieurs le savent : quels que soient leurs compétences et leurs faits d'armes, la sécurité de l'emploi ou l'emploi à vie comme on l'appelait hier encore, n'existe plus. Ne serait-ce qu'en raison des incertitudes auxquelles les dirigeants et les salariés doivent faire face, et dont les actionnaires, l'œil rivé sur les dernières lignes du bilan et du compte d'exploitation, ne tiennent pas grand compte. Si donc, vous coulez des jours heureux, perché dans les étages élevés de l'entreprise, ne vous endormez ni sur vos lauriers ni sur vos oreilles. Et peut-être moins encore si vous travaillez dans une entreprise prestigieuse, fût-elle centenaire, leader mondial sur son marché.

L'univers des entreprises ressemble de plus en plus à celui des stars. Aujourd'hui applaudi, demain décrié, oublié, voire honni. Des exemples ? Prenez Vivendi. Pour combien d'entre nous, cette entreprise n'a-t-elle pas représenté pendant plusieurs années, le prototype de la réussite internationale française, l'entreprise dans laquelle beaucoup de cadres, toutes fonctions confondues, voulaient entrer ? Plusieurs de ses filiales, dont notamment Canal+, ont même figuré au top des entreprises préférées des cadres et des jeunes diplômés. Vivendi, première entreprise à offrir des ordinateurs et une connexion Internet gratuite à ses salariés, avait séduit les cadres, les actionnaires et les analystes financiers.

Que pouvait-il donc arriver aux élus, tous compétents et méritants, qui émergeaient au budget d'un tel empire ? Rien, pensait-on. Rien, pensaient-ils aussi, très probablement…

Puis, la disgrâce est arrivée avec les mauvais résultats, l'endettement, le changement de P-DG. Entre-temps, les plans sociaux se sont succédé. Plusieurs filiales, notamment celles spécialisées dans les nouvelles technologies, ont purement et simplement fermé leurs portes. Pour certains cols blancs, le rêve est terminé.

Autre exemple : France Télécom. Ses employés pouvaient en être fiers ; conquérant, le groupe s'était imposé en Europe : en Allemagne, en Grande-Bretagne. Il était coté aux États-Unis. Téléphonie fixe, mobile, centres d'appels, télé-diffusion, Internet, télé-conférences, formations à distance. Que des métiers de rêve qui attirent pléthore de candidatures. Et en plus, les conditions de travail y sont bonnes : un code de conduite apprécié, de l'actionnariat salarié… Mêmes causes, mêmes résultats : endettement, chute générale du marché. *« Pour beaucoup d'entre nous, ce fut un véritable coup de massue, explique un cadre en poste à la direction Île-de-France. **On croyait naviguer sur un long fleuve tranquille, avec des opportunités de carrière en nombre. On se retrouve sur un bateau ivre, où chacun cherche à s'approprier un canot de*** *sauvetage. » France Télécom a renoué avec les bénéfices en 2003.*

On pourrait citer bien d'autres exemples : Levi's, Alstom, Péchiney, passé sous la coupe d'Alcan, Alcatel… Autant d'entreprises prestigieuses qui ont dû réduire leurs effectifs de façon drastique, sans être pour autant condamnées à jouer profil bas pour les années à venir. Au petit jeu du yo-yo, il y a des bas… et des hauts. C'est précisément lorsque votre entreprise passe d'un extrême à l'autre, que votre emploi peut être menacé. Vous travaillez dans une PME ? Vous êtes plus exposé encore à ces mouvements brusques. **Un grand donneur d'ordre qui change de prestataire et ce peut être la catastrophe. Un problème de trésorerie, même passager, alors que l'entreprise se porte structurellement bien, et c'est la panique à bord.**

Ne vous laissez donc pas surprendre. Votre entreprise est cotée en Bourse, suivez le cours de ses actions. Fouillez les comptes trimestriels, semestriels et annuels. Si vous ne savez pas lire un bilan et un compte d'exploitation, mettez-vous y dès aujourd'hui, au besoin à l'aide d'ouvrages de vulgarisation. Vous pouvez aller plus loin : devenez pour quelques actions symboliques (et plus si affinité et intérêt) actionnaire de votre entreprise. L'intérêt : vous pourrez avoir accès aux assemblées générales d'actionnaires. Les informations qui y circulent et les questions qui y sont posées sont dénuées de la langue de bois de rigueur dans la gestion courante du business même s'il convient parfois de se montrer circonspect quant aux réponses apportées. Révolutions technologiques, aléas économiques, virages stratégiques, nombreux sont les facteurs qui peuvent ainsi mettre votre emploi en danger. Ne soyez jamais pris au dépourvu : refaites votre CV au moins chaque année, et mieux, tous les six mois. Comparez les versions successives, et voyez en quoi vous avez évolué. Si rien ne bouge d'une année sur l'autre, alerte ! N'oubliez pas qu'un salarié qui n'évolue pas, quelle que soit sa fonction, est un salarié guetté par l'obsolescence de ses compétences.

À lire le journal interne, ses multiples offres d'emplois émanant de différentes filiales, vous vous êtes senti rassuré sur le long terme. Jusqu'au jour où vous apprenez que votre filiale est cédée, vos activités arrêtées. Des bouleversements de plus en plus fréquents. Les cadres de la division photo de Grand Vision ont ainsi quitté la maison mère, au moment où ils s'y attendaient le moins. Même surprise pour les cadres de la branche professionnelle de Pinault-Printemps-Redoute (PPR). Le groupe ayant décidé de se recentrer sur la distribution grand public. Les filiales n'ont pas démérité. Elles ne sont pas en mauvaise santé, loin de là. Mais la direction a décidé : *« Ce délestage permettra l'émergence d'un groupe beaucoup plus clair avec un seul type de client : le particulier. »* **Sueurs froides encore, chez les cadres qui redoutent**

de faire doublon dans le nouvel ensemble BNP-Paribas. La même peur qu'ont ressentie les cadres de Virgin France, une fois avertis qu'ils venaient d'être repris par le groupe Hachette et donc qu'il allait falloir peut-être renoncer à certaines ambitions, passer par l'outplacement, bref, changer de contexte et de vie.

L'externalisation et la délocalisation peuvent aussi mettre à mal votre belle assurance. Victime de l'externalisation, Brigitte, DRH et membre du comité de direction d'une grosse PME de la région parisienne, s'est retrouvée au poste de « consultante » dans une société d'audit et de conseil. « *Tous mes projets professionnels ont été réduits à néant. J'évolue dans un autre univers, celui du conseil que je ne connaissais pas. Mes perspectives de carrière ne sont plus les mêmes, j'ai perdu tous mes repères, mais je m'accroche. C'est un nouvel apprentissage, d'autant plus dur que je ne m'y attendais pas, et que je ne l'ai pas préparé* », explique-t-elle.

Difficile de parler de sécurité de l'emploi dans de tels contextes, aujourd'hui très courants. Une telle instabilité devrait même vous inciter à scruter très régulièrement votre horizon professionnel. D'abord en suivant très attentivement l'évolution de votre entreprise. Invités aux traditionnelles présentations de comptes annuels des grands groupes, à l'échelle du service, de l'établissement ou du groupe, beaucoup de cadres s'y rendent comme contraints d'effectuer une corvée, ils écoutent d'une

70

oreille et repartent avec, au mieux, le seul chiffre du résultat net et du chiffre d'affaires, au pire, les anecdotes rapportées par tel ou tel grand manager. Erreur ! Suivez toute la présentation, n'hésitez pas à poser des questions, et prenez le temps, en privé ou avec quelques collègues, de pousser plus loin l'analyse. Lisez la presse et recoupez vos propres impressions, de l'intérieur, avec les vues extérieures des analystes financiers et des journalistes spécialisés. Vous en tirerez moult enseignements sur l'avenir de votre entreprise et sur votre propre sort. Pour ne s'être pas pliés à cet exercice, bon nombre de cadres d'IBM, qui se croyaient à l'abri de toute déconvenue, ont découvert – trop tard – le véritable état de santé financier de leur employeur qui a alors procédé à l'une des premières vagues de licenciements massifs dans l'histoire de cette multinationale à la réputation intouchable. **Un véritable séisme pour des cadres qui entraient chez IBM comme on entre en religion : la multinationale américaine étant l'une des rares qui garantissaient « l'emploi à vie », ou presque.** La saignée fut aussi abondante qu'inattendue : plus de deux mille emplois gommés d'un seul coup.

Suivre les comptes de son entreprise ne suffit pas. Il faut, parallèlement, procéder à une fine analyse de votre situation personnelle au sein de l'entreprise, en poussant la réflexion au niveau de la branche d'activité, de la division, du département, voire du service, selon la taille de l'organisation. Il est vrai qu'au sein d'une même entreprise, les situations peuvent varier, voire contraster d'une activité à l'autre, d'une famille de fonctions à l'autre. *« Du jour au lendemain, les fonctions administratives et de gestion ont été considérées comme surpeuplées. Nous sommes alors devenus des hommes à convertir ou à virer »*, témoigne un ancien cadre d'IBM France, volontaire au départ, après avoir été tenté par une reconversion dans la fonction commerciale. *« Le virage fut trop brusque, pas du tout préparé, ni par nous, ni par la direction. Je n'aurais pas été crédible dans ces nouveaux habits de commercial. J'ai préféré quitter l'entreprise. »* Triste fin pour une carrière de plus de vingt ans. *« Veiller, c'est aussi se tenir informé des évolutions de sa propre fonction »*, explique un consultant. *« En cas de réorganisation ou de difficulté économique, certaines fonctions sont plus exposées que d'autres, suivant l'activité et le positionnement de l'entreprise, argumente-t-il. Il faut savoir si la vôtre fait partie de celles-là. »*

Cadre informatique, exercez-vous dans une activité susceptible d'être externalisée ? Avez-vous des ressources pour embrasser une autre spécialité plus stratégique et non cessible à des prestataires ? **Ingénieur de production,** votre unité fait-elle partie de celles qui pourraient être supprimées au bénéfice de la sous-traitance ? **Logisticien** ou **cadre des services généraux,** risquez-vous de vous retrouver chez le prestataire à l'occasion d'une opération de *facility management* ? Telles sont les questions à se poser, sans esquive. Surtout, cessez de penser que vous et votre fonction êtes irremplaçables. Quelle que soit votre cote dans l'entreprise, gardez toujours sous la main, une solution alternative. **Posez-vous en permanence la question suivante : si on supprimait mon poste aujourd'hui, dans quel autre pourrais-je rebondir en interne dès demain ? Travaillez en permanence sur cette solution de rechange.** C'est capital. Votre stratégie vous amènera sans doute à multiplier les formations, y compris si vous devez en financer certaines sur vos propres deniers pour rester dans le coup. Ce sera plus particulièrement le cas des autodidactes (on l'oublie un peu vite, mais encore 22 % des cadres ont pour seul bagage le baccalauréat). Sans doute devrez-vous également renoncer à quelques ambitions extrêmes et aux risques d'échec qui les accompagnent, forcément porteurs de risques d'échec.

Il est illusoire de prétendre aux plus hautes marches du podium et jouer en même temps la carte de la sécurité. Pierre, trente ans de métier chez Michelin, explique : *« Je ne me positionne que sur des postes pour lesquels je suis sûr et certain de posséder les compétences requises en comptant même une marge de sécurité supplémentaire. Je progresse moins vite que les autres, mais je ne connais aucun échec et ma réputation est intacte. »* Bref, si votre stratégie reste la sécurité : moins vous serez exposé, mieux vous vous porterez.

D'autre part, nouez des relations avec la direction des ressources humaines de votre entreprise, même si ce n'est pas nécessairement avec le DRH en personne. Plus tôt vous aurez des informations sur des évolutions à venir, plus vite vous vous préparerez. Là encore : on voit des multinationales externaliser une partie de leur gestion, de leur informatique centrale, de leur service clients.

« Mesurer la sécurité de son emploi consiste pour partie à évaluer, dans la stratégie de son entreprise, le poids relatif de son métier, en se basant sur plusieurs scénarios possibles. Il faut ensuite décliner les solutions de rechange selon les scénarios. » Brutalement exprimée, cette démarche revient à se poser franchement la question : *« Mon métier présentera-t-il encore dans les années à venir, un intérêt stratégique pour mon entreprise ? »* Si oui, je peux me rassurer. Dans le cas contraire, je dois identifier les métiers vers lesquels je pourrais m'orienter en interne... Que la réponse soit positive ou négative, vous ne serez pas dispensé pour autant de suivre l'évolution de votre métier, tel qu'il est pratiqué dans les entreprises concurrentes ou même étrangères. Ce benchmarking peut même, le cas échéant, vous permettre de détecter les évolutions à venir. Plus vous anticiperez, mieux vous serez préparé à faire face aux éventuels changements. Une longueur d'avance qui peut vous permettre de vous repositionner en interne ou en externe sur un projet très avant-gardiste conforté par une formation adaptée. Votre atout : agir en dehors de toute précipitation.

Muriel est entrée chez Hewlett Packard France comme comptable. Elle a su évoluer vers la fonction support clients, devenue stratégique chez le constructeur et fournisseur de services informatiques d'origine américaine. Dans l'intervalle, cette jeune femme aura occupé des fonctions liées à la finance et au contrôle de gestion. *« À un moment, j'ai senti que les professions du chiffre comptaient moins que les fonctions liées au cœur de métier de l'entreprise. J'ai alors décidé de faire le grand saut. »* Muriel devra passer par des formations lourdes : systèmes d'information, gestion des réseaux, commercial, marketing. Mais les résultats sont là. *« Mes managers eux-mêmes n'y croyaient pas trop, raconte-t-elle. Mais ma motivation et mon insistance ont fini par les persuader que je construisais un véritable projet professionnel. »* Muriel a décroché le poste de responsable de support produits dans lequel elle porte la double casquette de manager d'équipe et de cadre technique.

Reste que votre entreprise ne vous offrira pas toujours la possibilité de rebondir sur d'autres opportunités valorisantes en termes de métier ou de service. Inutile dans ce cas de vous accrocher pour saisir, le plus rapidement possible, la première opportunité venue et vous mettre ainsi à l'abri. **Car à chercher la sécurité à tout prix, vous risquez d'hériter d'un quelconque poste de chargé de mission ou, pire, d'un placard resté vide.** Attention également à ne pas céder – pour les mêmes raisons de sécurité – aux propositions pièges : vous êtes juriste, votre service disparaît, on vous propose un lot de consolation à la logistique. Par peur de devoir affronter une période d'incertitude – voire de chômage –, vous acceptez cette proposition. Est-ce judicieux ? Ce n'est pas sûr. Imaginez que ce job ne vous convienne pas… Imaginez aussi que vous ayez besoin, pour maîtriser cette nouvelle mission, d'une formation. En auriez-vous l'envie ou les moyens, si votre entreprise ne vous les donnait pas ? Pour le coup, votre sécurité serait gravement menacée. À éviter à tout prix.

Certes, il est fortement recommandé d'évaluer régulièrement le degré de sécurité de son emploi : est-il menacé, se situe-t-il dans les grandes stratégies de l'entreprise ? Mais il ne faut surtout pas confondre sécurité de son emploi et sécurité de l'emploi… une notion qui n'existe plus guère y compris dans l'administration. Restez vigilant : assurez-vous en permanence que, dans votre champ d'activité et de responsabilité, vous êtes un élément sur lequel l'entreprise investit encore. Certains clignotants doivent vous alerter. Par exemple : votre chef a-t-il oublié de vous convoquer pour le dernier entretien annuel, signe que votre contribution à la marche du service est négligeable à ses yeux ?.À quand remonte votre dernière suggestion personnelle retenue ? Avez-vous l'impression soudaine d'être moins occupé qu'auparavant, au point par exemple de « remplir » votre temps ? Êtes-vous toujours invité aux réunions et briefings auxquels vous devriez assister, compte tenu de votre niveau hiérarchique ? Chaque fois que certaines réponses – franches bien entendu – vous laisseront penser que vous êtes en train de décrocher du peloton, remettez-vous en selle, remotivez-vous, manifestez-vous, secouez-vous. Il y a urgence. Et ne comptez pas sur votre entreprise pour continuer d'honorer jusqu'à votre départ à la retraite, vos brillants faits d'armes des années passées. Ici plus qu'ailleurs, on vénère… pour brûler ensuite.

LE QUIZ

Un job stable : Êtes-vous sûr de faire ce qu'il faut ?

Un job sûr, dites-vous. Mais faites-vous ce qu'il faut pour le préserver ? Certaines attitudes de repli peuvent aboutir à un résultat contraire à celui attendu. Ne vous laissez pas surprendre.

Entourez la réponse qui vous semble la plus appropriée. Reportez-vous à la page des réponses.

1. Vous apprenez qu'un poste de niveau supérieur, à votre portée, va se libérer

a - Avec tact, vous attendez qu'on vous le propose

b - Sans attendre, vous faites savoir que vous êtes candidat

c - Vous craignez un éventuel piège : vous cherchez d'abord à savoir pourquoi l'actuel titulaire quitte son poste

2. Débordé, votre supérieur hiérarchique vous propose de « zapper » votre entretien annuel d'appréciation

a - Vous pensez : « Tant mieux, c'est une formalité de moins »

b - Vous lui faites comprendre que vous devez absolument faire le point

c - Vous demandez à passer cet entretien avec le niveau hiérarchique supérieur (N+2)

3. Vous venez de passer cinq ans au même poste

a - Vous en déduisez que tout va bien, vous tenez le cap

b - Vous estimez que vous avez su évoluer avec le poste

c - Vous admettez que « qui n'avance pas recule » et décidez de vous secouer

4. Encore une fois, le plan de formation de votre entreprise vous déçoit

a - Vous le refermez en soupirant

b - Vous vous inscrivez à un stage au hasard

c - Vous décidez de vous offrir un congé individuel de formation

5. Dans la revue de presse, vous lisez en priorité

a - Les cours de Bourse de votre entreprise (ou les appréciations des experts pour les sociétés non cotées)

b - Les commentaires sur les produits

c - L'évolution du marché et la situation des concurrents

6. Des rumeurs de restructuration se répandent

a - Vous redoublez d'ardeur au travail pour être « bien vu »

b - Vous commencez à chercher en interne un ou deux postes qui pourraient vous convenir si le vôtre venait à être supprimé

c - Vous commencez à contacter les chasseurs de têtes et à répondre aux petites annonces

7. Une reprise ou une fusion serait pour vous

a - Une bonne nouvelle parce que vous y trouvez une opportunité de progression

b - Une catastrophe parce que votre job serait menacé

c - Ni l'un ni l'autre, vous vous sentez intouchable, à votre poste

8. Pour sauver votre job, vous accepteriez

a - Une réduction de rémunération

b - Une mobilité géographique à niveau de responsabilité équivalent

c - Des objectifs plus élevés mais des moyens réduits

9. De manière générale, vous considérez l'information financière émanant de la direction comme

a - Suffisante

b - Crédible

c - Inutile

10. Pour connaître la vraie situation de votre entreprise

a - Vous lisez régulièrement les comptes trimestriels

b - Vous les lisez une fois par an

c - Vous ne savez pas déchiffrer les comptes

Réponses

Question 1 : a = 0 point   b = 3 points c = 1 point
Question 2 : a = 0 point   b = 3 points c = 0 point
Question 3 : a = 1 point   b = 2 points c = 3 points
Question 4 : a = 0 point   b = 0 point   c = 3 points
Question 5 : a = 2 points b = 2 points c = 2 points
Question 6 : a = 1 point   b = 2 points c = 1 point
Question 7 : a = 3 points b = 0 point   c = 0 point
Question 8 : a = 0 pt   b = 3 points c = 3 points
Question 9 : a = 1 point   b = 3 points c = 0 point
Question 10 : a = 3 points b = 2 points c = 0 point

Additionnez vos points :

- **de 30 à 24 points :** vous faites ce qu'il faut pour assurer la sécurité de votre emploi.
- **de 15 à 24 points :** vous faites un peu trop confiance à votre position. Vous avez peut-être raison, mais gare aux mauvaises surprises. Prenez plus d'initiatives, soyez plus attentif.
- **moins de 15 points :** vous semblez trop passif devant les événements. Cela peut vous jouer des tours. Prenez votre carrière en main, même si vous avez décidé de rester dans la même entreprise.

LE COUP À JOUER

Comme Jean-Jacques, faites un point annuel sur votre carrière

Jean-Jacques se sent bien dans son poste et dans son entreprise et n'a nullement l'intention d'engager une mobilité professionnelle. Pourtant, tous les ans, cet ingénieur qualité de trente-neuf ans met un point d'honneur à faire le point sur sa carrière. Un exercice qui occupe une bonne partie de son temps libre pendant dix à quinze jours. *« Je fais exactement comme si je devais me préparer à un entretien de recrutement. Je recense mes succès, mes erreurs, j'essaie de tracer des perspectives, d'imaginer des évolutions possibles et crédibles au sein de l'entreprise. »* Jean-Jacques ne s'arrête pas là. Il dépoussière également son CV et le fait parvenir à au moins deux chasseurs de têtes. *« Non pas pour provoquer directement des offres, mais pour rester inscrit dans leurs fichiers et éventuellement décrocher des entretiens qui me permettent de connaître l'état réel du marché de l'emploi dans mon secteur. »*

Stratégie n° 6

JE NE PEUX TRAVAILLER
QUE DANS UNE BONNE AMBIANCE

Vous ne donnez le meilleur de vous-même que dans une saine ambiance de travail : compliqué dans une entreprise classique où tout le monde garde les yeux rivés sur les tableaux de bord. Mais si vous devez vous résigner à vivre avec la morosité, les luttes de pouvoir et les peaux de banane, voici comment mettre un peu de soleil dans l'eau froide...

« E t pourquoi ne travaillerait-on pas dans la joie ? Vous en surprendrez plus d'un avec une telle profession de foi. Tant travail (et surtout travail de cadre) rime avec stress, conflit, pression et même violence. L'étude Cadroscope de l'Apec note, en 2003, que près d'un cadre sur d'eux considère que sa charge de travail est excessive. Et de manière permanente pour plus de trois cadres sur quatre. Les raisons : ils ne sont pas assez nombreux, ils ont trop de missions en même temps et avouent une organisation inadaptée. Dans ce contexte, avoir pour objectif numéro un la recherche du fun dans son job peut faire figure de véritable provocation. **Mais rassurez-vous, vous n'êtes pas seul (e) à penser qu'un peu de joie de vivre dans cet univers de l'entreprise que l'on dit impitoyable pourrait tout changer.**

L'anecdote suivante, rapportée par un chef d'entreprise, illustre bien toute l'importance de l'atmosphère de travail sur la vie professionnelle des salariés. « *Lorsque j'ai pris la direction générale de cette entreprise, les salariés étaient secoués par plusieurs plans sociaux successifs. Notre situation financière était encore difficile. On sentait chez les salariés, à la fois de la peur et de l'espoir. Il régnait une certaine suspicion entre les cadres de direction. Pas un jour sans que l'un ou l'autre ne vienne me rapporter les turpitudes de ses voisins. J'ai pris la décision d'organiser plusieurs séminaires, de créer une prime de fair-play, de modifier l'aménagement des bureaux en passant d'espaces indivi-duels aux plateaux ouverts. Nous avons surtout installé des espaces de détente à tous les étages. En trois mois, la situa-tion financière n'avait pas changé, mais l'esprit général n'était plus le même. La bonne humeur l'emportait, l'entrain était revenu. Ils étaient presque tous méconnaissables. »*

L'exemple est loin d'être isolé. Aux États-Unis, il y a belle lurette que les entreprises les plus performantes, grandes ou petites, inscrivent le bien-être des salariés sur le lieu de travail dans leurs objectifs prioritaires. Elles utilisent pour y parvenir les techniques les plus variées. Dans les centres d'appels de l'opérateur téléphonique AT&T, les salariés sont autorisés à écouter de la musique au bureau, à se déchausser pour enfiler des pantoufles, à jouer sur leurs ordinateurs. D'autres multiplient les jeux concours toute l'année. **Le campus de Microsoft à Seattle est représentatif de cette tendance bien ancrée : un salarié qui s'amuse en travaillant est un salarié plus performant.**

En France, les tentatives « officielles » de mettre un peu de fun dans le travail se limitent très souvent à la soirée d'accueil des nouveaux, les *« Welcome night »*, comme il en existe chez Cap Gemini Ernst & Young. Figures emblématiques de la bulle Internet, les start-ups et leur style de management « soft » qui fit fureur, avaient en leur temps influencé quelques grandes

© Éditions d'Organisation

entreprises comme Deloitte et Smart. Ces dernières avaient alors compris tout l'impact du bien-être des salariés au travail sur leur performance. On a ainsi vu fleurir dans les locaux de quelques grandes multinationales, des crèches, des conciergeries, des salles de gym, des espaces de détente avec baby-foot et punching-ball, des centres de massage. Ces initiatives exceptionnelles ont aujourd'hui tendance à se faire de plus en plus discrètes, pour cause de mesures d'économies.

Si de telles facilités n'existent pas dans votre entreprise, il faudra d'abord compter sur vous-même pour mettre un peu de « joie » dans votre vie de bureau et, accessoirement, dans celle des autres. Un préalable s'impose : vous débarrasser de vos angoisses. Car si vous restez arc-bouté sur vos ambitions, les yeux rivés sur vos résultats, guettant les moindres réactions du chef, des collègues, des rivaux, des concurrents, alors vous étouffez toute occasion de vous « amuser » au travail. Et ce ne sont pas les euphorisants – des dopants – qui vous permettront de paraître détendu. Comment, dès lors, être pour les autres – et pour soi-même – une source de bonne humeur ? Comment aussi profiter de celle impulsée par les autres, quand on vient travailler la peur au ventre et le vague à l'âme ?

Du fun, dites-vous… Commencez dès maintenant par arrêter de vous imposer des « devoirs » en tout genre (devoir d'être le meilleur, de tout réussir, d'être objectif en toute chose, d'être aimé des autres, de cacher vos opinions…) et utilisez vos droits, notamment celui de vous détendre. **Apprenez à relativiser les inévitables difficultés de la vie de salarié et à positiver en toutes circonstances.** Une – fausse – idée très répandue chez les cadres les empêche de se libérer de l'angoisse de la réussite ou si l'on préfère, de la peur de l'échec. Tous se croient obligés d'exceller en toute chose et tous les jours. Vaine vanité. Assurer ses missions, atteindre ses objectifs, voire les dépasser, voilà qui devrait vous valoir la reconnaissance de votre manager. Et si vous persistez à ressentir une certaine frustration, à vous plaindre, cessez de vous considérer comme une victime : agissez sur les circonstances. Vous ne vous en sentez pas capable ? Alors prenez-en votre parti (après tout, c'est de vos impressions qu'il est question), accommodez-vous-en. Un principe que Carlos Devis Estrada, expert en relations interpersonnelles, résume joliment : « *Certains se plaignent de ce qu'ils ne peuvent pas changer et ne changent pas ce qu'ils peuvent.* »

Prêtez-vous, ne serait-ce qu'une journée, à l'exercice suivant : exprimez-vous en termes exclusivement positifs. Vous constaterez à quel point votre perception des choses peut changer. Faites fi de certains a priori comme : l'excès d'enthousiasme au travail dénote de la naïveté. Et puis, pas besoin de vous prendre (trop) au sérieux pour vous imposer. L'espace d'une semaine, soyez attentif aux compliments et paroles d'encouragement que vous recevez. Vous serez sans doute surpris, à l'approche du week-end, par le nombre de ces marques de sympathie que vous avez tendance à ignorer ou sous-estimer, faute de temps pour les apprécier à leur juste valeur. Faute aussi d'un esprit trop tourné vers lui-même. De bonnes relations, cordiales, aimables, dans lesquelles vous glissez de temps à autre une petite dose d'humour, de convivialité… voilà de quoi vous rendre – simplement – la vie plus heureuse. Mais ne confondez pas : nul ne doit avoir la naïveté de croire que l'entreprise pourrait être une – vraie – grande famille au sein de laquelle chacun n'échangerait que des sourires, se congratulant à longueur de journée. Un univers philanthropique au sein duquel règnerait une absolue égalité des chances…

Arriver chaque matin la tête aussi pleine que possible de pensées positives, pour soi et pour les autres, conscient de la contribution que l'on apporte à son entreprise, de sa valeur ajoutée comme on dit aujourd'hui, vous prédisposera à une journée de labeur certes, mais aussi de plaisir. Sachez par ailleurs rompre avec la routine. Elle contribue à assombrir votre vision des choses. Pour ce faire, pas besoin de décisions révolutionnaires. Sur le trajet domicile-bureau, amusez-vous à varier votre itinéraire. Changez de mode de locomotion quand l'envie vous en prend, passez de la voiture au bus, au métro au RER et, pourquoi pas, au vélo, voire, un jour d'humeur vraiment maussade, à une petite balade en taxi. Ne vous laissez pas étouffer par le conformisme, sous prétexte de vous fondre dans la culture d'entreprise. Tout en restant fidèle à votre image et aux règles générales en vigueur, introduisez de temps en temps une dose de fantaisie dans votre tenue vestimentaire, donnez-vous quelques challenges : « Dorénavant, je monte les six étages à pied » ou « Je fais une promenade sandwich léger une fois par semaine »… Vous serez surpris de voir comme il est facile de vous délester de quelques kilos en prenant de nouvelles respirations. Résultat… un corps et un esprit plus légers. Si vous ne parvenez plus à trouver votre bonheur au sein de votre entreprise – et en attendant de pouvoir réussir une mobilité – **ces challenges, très personnels, vous aideront à mieux accepter votre quotidien et à trouver de nouvelles ressources de plaisir et de travail.**

Vous avez la chance de disposer d'un bureau individuel ? Changez-en périodiquement l'agencement ou le décor, initiez-vous au feng shui, un art traditionnel de l'habitat inspiré des traditions chinoises et qui fait fureur en Occident. (Il existe même des consultants en feng shui qui interviennent dans les bureaux à la demande des cadres et des entreprises… si, si !). Le principe de base, brièvement résumé, est le suivant : la disposition de notre environnement peut agir positivement sur notre bonheur et notre harmonie intérieure… N'en faites pas une religion, mais tirez-en le cas échéant des enseignements positifs. Au pire, le feng shui distraira votre esprit. Résistez toutefois à la tentation de vous entourer de gadgets de toutes natures, supposés vous « faciliter » la vie de bureau et qui, en réalité, vous encombrent, vous déconcentrent. Les achats compulsifs de téléphones portables dernier cri, d'ordinateurs portables suréquipés, de fontaines zen et de compils new-age, induiront moins de joie dans votre travail que vous ne sauriez le faire vous-même. Ce ne sont que des objets…

Allez, assez parlé de vous. **Maintenant, regardez autour de vous et pointez toutes les occasions de détente. Il en existe plusieurs dont vous ne profitez pas, de peur – encore – de passer pour un partisan du moindre effort, un laxiste.** Une grande société de conseil en a récemment fait l'expérience. Afin d'autoriser à ses consultants quelques moments de détente, elle a fait installer un superbe écran de télévision dans le hall, des fauteuils confortables, un mini-kiosque à journaux pourvu de magazines et une machine à café. Eh bien, seuls quelques fumeurs investissent mais de manière très fugace, cet espace qui, finalement, ne profite qu'aux visiteurs. Beaucoup de ces consultants craignent d'être identifiés comme des « accrocs à l'espace détente ». Idem pour les salles de gym entretenues à grand frais par les grandes entreprises qui en ont les moyens et qui n'ont jamais fait le plein. Pas plus que les stations de baby-foot, les tables de ping-pong et autres cibles de fléchettes… Surprenant ? non.

Rares sont les règlements intérieurs qui interdisent formellement les jeux sur PC, s'ils sont raisonnablement pratiqués. Mais combien de cadres se permettent-ils de profiter un peu de cette détente ? Une récente étude scientifique, menée en Grande-Bretagne par des psychiatres et psychologues du travail, a pourtant démontré que quelques minutes de jeux informatiques par jour amélioraient la créativité des salariés. En quête de « fun », ne passez pas à côté de ces possibilités de détente. Mieux, entraînez-y vos copains de travail. Vous excellez dans une discipline sportive ou artistique ? Proposez aux collègues de les y initier. Une séance de team building à base de karting, de trekking ou de para-pente à votre initiative, voilà qui secouera le quotidien du bureau, vous vaudra la reconnaissance de tous et peut-être même l'admiration de l'assistante du service.

Si votre ambiance de travail ne cesse de se détériorer au point de vous empêcher de travailler – et que votre manager ne semble pas y accorder d'importance –, vous allez devoir employer les grands moyens. Pourquoi ne pas prendre le pari d'insuffler la bonne humeur autour de vous ? Mais attention, pas à n'importe quel prix : la fin ne justifie pas toujours – loin s'en faut – les moyens.

Vous éviterez la stratégie du comique troupier. D'autant plus mal perçue que les adeptes de ce genre de distraction sont les premiers à faire preuve de psychorigidité : méfiants à l'égard des autres, cachant leurs émotions, stressés au point de se montrer invivables lorsqu'ils éprouvent des difficultés. Autre – mauvaise – tactique, assez répandue parmi les cadres trentenaires : la provocation gratuite et l'outrance. Ce genre d'humour (?) blesse plus souvent qu'il ne détend et peut même très rapidement se retourner contre vous. Préférez à ces stratégies « rentre-dedans », des relations simples et agréables avec vos collègues, ils vous le rendront.

Au-delà des principes élémentaires de courtoisie et de savoir-vivre, sachez leur donner, pour recevoir d'eux. Cela tient davantage à une attitude globale qu'à des « ruses » visant à gagner leur estime. Des rumeurs malveillantes circulent au sujet de Dupont ? Qu'elles entrent par une oreille et sortent aussitôt par l'autre. En revanche, des compliments le concernant parviennent jusqu'à vous ? Répercutez-les lui en citant la source. Un collègue peine à traiter un dossier ? Ne riez pas sous cape de ses difficultés, proposez votre aide. N'oubliez pas : mieux vaut promettre peu que donner sa parole à la légère. Autrement dit : tenez toutes vos promesses (de rendre des travaux, de tenir les délais). Chaque fois que vous en avez l'occasion, élargissez le cercle de vos relations à l'intérieur de l'entreprise en choisissant plutôt vos alliés parmi les optimistes et les gens naturellement souriants. Vous pouvez même aller jusqu'à offrir à l'un de vos collègues un magazine qui traite d'un sujet qui le passionne ou lui prêter un livre. Des petites attentions qui n'attendent rien en retour. Rien que de très banal, direz-vous. Mais observez autour de vous : vous constaterez que sur le lieu de travail, la plupart des gens nouent en fait des « alliances » plus ou moins intéressées et très peu d'authentiques relations d'échanges et d'amitié. Vous ne pouvez réellement vous épanouir professionnellement sans une certaine convivialité, un réel esprit d'équipe ? Pas d'autre issue que de penser moins à vous et plus aux autres. Et pas seulement à leur travail. Attention toutefois, certains salariés dressent un mur infranchissable entre vie professionnelle et vie privée.

Dernier écueil : devenir soi-même victime du complexe du « chic type » qui consiste à fuir tout conflit et à acheter la considération des autres. Ce qui n'a vraiment plus rien à voir avec l'enthousiasme au travail.

Mais c'est surtout dans l'organisation de votre travail que vous devrez apporter les innovations susceptibles de générer en vous des élans d'enthousiasme. Faites une analyse détaillée de votre fonction, listez minutieusement toutes les opérations courantes qu'elle exige.

Soulignez celles qui vous procurent le plus de plaisir et privilégiez-les. Profitez de ces moments comme vous le feriez d'un hobby ou d'un bon moment de détente. Pour les parties les plus rebutantes (il en existe forcément, quel que soit votre métier), faites preuve d'imagination, trouvez de nouvelles méthodes, testez-les à des moments différents de la journée ou de la semaine, en collaboration avec un collègue. Plus vous vous engagerez intellectuellement et émotionnellement dans ce que vous faites, plus vous y prendrez du plaisir, même en face de difficultés.

Cadre manager, brisez la routine de votre mode de fonctionnement. Pas besoin de grandes réformes : *« Depuis que j'ai décidé que nos briefings mensuels auraient lieu autour d'un plateau-repas, j'enregistre moins d'absences et d'excuses pour rendez-vous incontournables. Les contributions sont de meilleure qualité et mes collaborateurs nettement moins crispés »*, raconte ce directeur commercial. Pourquoi ne pas transformer vos dossiers ardus en concours à la meilleure idée, au meilleur pronostic de résultat, etc. ? Dotez ces brainstormings très créatifs de prix symboliques, osez surprendre vos collaborateurs et collègues à l'instar de ce cadre de la société Altavia qui fait périodiquement l'événement en organisant des *« happenings* récréatifs ».* Un matin, il a fait jouer un orchestre de gospel à l'entrée de l'entreprise. Ravissement général.

© Éditions d'Organisation

Une autre fois, il a organisé une séance impromptue de dégustation de chocolats.

Cadre expert, les occasions de varier les plaisirs de votre métier ne manquent pas. Arrêtez la planification excessive de votre temps. Accordez-vous des moments de respiration qui ne seront pas pour autant des périodes de repos ; forcez-vous à passer un minimum de temps à l'extérieur de l'entreprise, sans culpabilité aucune : séminaires, colloques, rencontres avec des pairs autour de sujets précis, par exemple dans le cadre des clubs professionnels, visites d'usines de fournisseurs, de sièges sociaux de clients. Dans la mesure où votre fonction le permet, n'attendez plus qu'on vous propose des missions de courte durée en région, voire à l'étranger. Suscitez-les, à condition bien sûr de pouvoir justifier de leur opportunité et de leur utilité. Vous avez une bonne plume, le sens de l'humour et des choses sérieuses ou futiles à raconter ? Au lieu d'encombrer les boîtes électroniques des collègues avec des *forwards* de blagues croustillantes qui circulent sur le Net (pratique qui, pourtant, a déjà entraîné des licenciements), proposez vos services à la communication interne : écrivez des chroniques, animez des jeux d'esprit dans le journal d'entreprise, assurez une page sur l'Intranet, tenez un blog (pages personnelles sur le Web, à contenu professionnel) comme le font couramment les cadres américains. Autant d'initiatives qui contribueront à renforcer votre aisance au travail, votre bien-être moral et intellectuel, tout en soignant votre image au sein de l'entreprise. Et votre cote auprès de vos collaborateurs.

© Éditions d'Organisation

LE QUIZ

Êtes-vous un collègue facile à vivre ?

Joie et bonne humeur comptent pour beaucoup dans votre réussite. Mais n'en faites pas trop, ne forcez pas votre nature.

Voici dix situations courantes en entreprise. Pour chacune d'entre elles, indiquez l'attitude que vous adoptez habituellement, naturellement. Reportez-vous aux résultats.

1. Conflit au sein de l'équipe

x - Cela vous déconcentre, même si vous n'êtes pas directement impliqué

y - Imperturbable, vous agissez comme si de rien n'était

2. Tâches répétitives

x - Elles vous paraissent pénibles, si aisées soient-elles

y - Au contraire, elles vous amusent, compte tenu de la facilité de réalisation

3. L'humeur de votre chef

x - Elle déteint sur vous. Vous êtes grognon s'il est de mauvaise humeur, content quand il a l'air heureux

y - Vous restez un imperturbable boute-en train

4. Convivialité au bureau

x - Vous êtes toujours partant pour les pots, quel qu'en soit le motif

y - Vous estimez que ces agapes doivent être limitées au strict minimum

5. Nouveaux embauchés et stagiaires

x - Vous appréciez leur contact et allez vers eux dès le premier jour

y - Vous préférez les découvrir progressivement de peur de les assaillir

6. Difficultés professionnelles et personnelles
x - Elles vous rendent irritable
y - Vous saisissez ces occasions pour profiter des conseils des autres

7. Séminaires d'entreprise
x - Pour vous, c'est toujours une occasion de faire découvrir un aspect méconnu et original de votre personnalité
y - En général, vous les vivez comme des moments bougrement ennuyeux

8. Honneurs et félicitations
x - Vous êtes sensible aux honneurs du chef et plus encore aux félicitations de vos collègues
y - Vous préférez être celui qui distribue les compliments

9. Guerre des clans
x - Vous ne prenez jamais partie
y - Vous jouez systématiquement les « casques bleus »

10. Rivalité entre collègues
x - Vous jouez carte sur table et cherchez un *gentlemen's agreement*
y - Vous laissez jouer l'émulation

Réponses

Question 1 : x = Question 2 : x = Question 3 : y = Question 4 : x = Question 5 : x =
Question 6 : y = Question 8 : y = Question 9 : y = Question 10 : y = Question 7 =

Vous ne totalisez pas un score maximum de y ? inutile de vous forcer à jouer les animateurs si ce n'est pas dans votre nature. En tout cas pas dans vos rapports avec vos relations de travail – sachant que le même homme peut avoir un comportement différent au travail et en famille –. Être pour vos enfants un véritable papa clown ne fait pas automatiquement de vous le meilleur boute-en-train du bureau.

LE COUP À JOUER

Pierre a « inventé » le buffet du mois. Et vous ?

Six mois après être entré dans cette société de conseil en ingénierie et en innovation technologique de cent cinquante salariés, Pierre ne connaît toujours pas tous ses collègues. Jusqu'à certains membres de son département (les constructions métalliques) qu'il n'aperçoit qu'une ou deux fois. Normal, hormis ceux du bureau d'études, la plupart des consultants passent le plus clair de leur temps chez les clients. *« Il y a bien les deux briefings mensuels, théoriquement obligatoires, mais certains ont toujours de bonnes raisons pour ne pas y participer. Il fallait donc trouver le moyen d'introduire un peu de convivialité »*, explique Pierre qui n'hésite pas à proposer d'être l'organisateur du buffet du mois, en dehors des heures de travail et hors de l'entreprise, sans ordre du jour. Une petite « fête de famille » (non obligatoire évidemment) où les sujets de discussion restent libres, et les liens se tissent naturellement. Tout le monde peut suggérer un lieu de rendez-vous. Il s'agit en général d'un endroit sympathique découvert par l'un ou par l'autre à l'occasion de ses loisirs. Le buffet du mois fait désormais partie de la culture de cette PME high-tech. Si, dans un premier temps, les associés fondateurs se sont tenus à l'écart, ils ont fini par venir trinquer au verre de l'amitié.

JE VEUX RESTER FIDÈLE
À MES IDÉAUX

Pouvoir, gros salaire, aventure technologique… ce n'est pas votre truc. Vous, ce qui vous fait vibrer, c'est l'utilité sociale du travail. Vous aimez que vos efforts quotidiens servent la communauté. Licenciements, promotions, investissements, contrats commerciaux… vous ne souffririez aucun écart éthique. Tel Saint-Just au pays des OPA, vous pouvez tracer votre chemin, avec succès et sans trahir vos convictions.

D e nombreux exemples contredisent une idée trop répandue selon laquelle l'investissement au travail et l'attachement à l'entreprise ne compteraient plus guère parmi les valeurs auxquelles souscrivent les cadres. Si l'enquête Les Cadrotypes réalisée par l'Apec fait effectivement apparaître que près de la moitié des cadres entretient une relation distante avec l'entreprise, celle-ci est néanmoins constructive car elle s'inscrit dans un contexte où la gestion individuelle de carrière est devenue la règle. L'Apec confirme que l'investissement dans le travail et le lien à l'entreprise restent forts pour la majorité des cadres à l'image de deux des Cadrotypes : les Épanouis et les Investis.

Au-delà de leurs investissements en temps de travail, beaucoup trouvent une motivation profonde dans l'utilité sociale de leur travail. Un carburant qui les fait courir plus vite qu'une augmentation de salaire ou l'octroi d'une promotion. Ce profil de cadre reste, en général, très attaché à la notion d'éthique et ne transige pas sur la déontologie. On le rencontre aussi bien parmi les « vieux routiers », tendance mai 68 ou Attac que parmi la jeune garde. Un sondage[3] a révélé que 60 % des jeunes diplômés seraient *« prêts à démissionner si leur employeur ne respecte pas les règles éthiques »* auxquelles ils semblent très attachés.

---

3. Publié par le magazine l'*Expansion* en avril 2003.

Au pays des OPA, des chocs d'ambitions et des batailles commerciales, ces traits psychologiques ne risquent-ils pas de nuire à votre carrière ? Devrez-vous laisser vos convictions au vestiaire dès que vous franchissez la porte de l'entreprise ? Évidemment non. Tous ceux que la fibre sociale fait vibrer ne travaillent pas pour le compte des ONG. Vous pouvez tracer votre chemin dans un groupe dont vous n'approuvez pas toutes les stratégies.

- **Première fausse idée à combattre** : considérer d'emblée que certaines fonctions, comme la finance, le commercial ou les ressources humaines ne permettent pas de marier éthique et carrière. Penser de la sorte constituerait une grossière erreur : même les agences de notation financière s'intéressent désormais aux aspects sociaux et éthiques de la gestion des entreprises. On a vu des banquiers se reconvertir avec brio dans les ONG et on compte parmi les militants d'ONG réputés alter-mondialistes, des cadres de la haute finance. C'est dire.

- **Deuxième écueil à éviter** : se placer perpétuellement en porte-à-faux par rapport à la stratégie de son entreprise, en formulant des jugements à l'emporte-pièce, sous couvert de convictions personnelles, sur les décisions de la direction. On voit ainsi des vendeurs défendre mollement certaines offres commerciales qu'ils estiment « survendues » ; des chefs de projet recruter plus d'intérimaires que nécessaire ; des ingénieurs BTP signer des CDI là où ils auraient dû se limiter à des CDD pour d'évidentes raisons économiques. Autant d'attitudes qui ne passent pas inaperçues et qui finissent par nuire à l'évolution professionnelle du salarié.

- **Troisième piège à contourner** : s'abriter derrière les considérations personnelles pour ne pas assumer ses responsabilités. Ainsi, ce cadre de quarante-sept ans, resté pendant sept ans adjoint au directeur d'usine, parce qu'il n'a jamais eu le cran de procéder à des licenciements lorsque cela s'imposait : « *Ce n'est pas mon truc* », explique-t-il pour se justifier, tout en reconnaissant son « handicap ». Consciente de sa valeur, la direction l'a maintenu en poste, mais sous la direction de jeunes techniquement moins talentueux, mais psychologiquement mieux armés. Idem pour ce juriste, salarié d'une société de crédit à la consommation, qui a décliné une promotion qui aurait fait de lui le chef du service recouvrement. Motif : « *Je ne supporterai pas de mettre la pression sur les surendettés* » Pourtant, l'entreprise a annoncé parmi ses objectifs prioritaires la réduction du taux d'impayés. Il s'est auto-condamné à la stagnation, du moins pour quelques années.

La meilleure façon d'éviter ces travers, c'est d'abord de bien connaître les règles juridiques et déontologiques qui régissent votre profession. Vous seriez surpris de découvrir le nombre de cadres qui ignorent tout de leur convention collective et de leur charte d'entreprise. Résultat : ils se restreignent dans leurs actions pensant franchir la ligne jaune de la légalité quand ils en sont encore très loin. Prenez la loi de novembre 2001 contre la discrimination sur le lieu de travail. Elle interdit, dans le cadre de l'entretien de recrutement, des questions personnelles touchant à la vie privée, aux croyances religieuses, aux orientations sexuelles des candidats. Pour autant, doit-on renoncer à vérifier la disponibilité du postulant, explorer sa personnalité à travers sa vision du monde de l'entreprise et même du monde tout court ? Certainement pas. La loi réduit le champ de vos investigations et vous oblige à cerner par d'autres biais la personnalité de vos futures recrues. Mais savez-vous lesquelles ?

L'éthique, dans la vie professionnelle, ne se limite pas au respect de la loi de novembre 2001. Elle s'impose aussi, et de plus en plus, en matière commerciale, fiscale et financière. **Depuis l'affaire Enron, on sait de manière éclatante de quels « écarts » les cadres, même supérieurs, sont capables.** On sait que certains milieux professionnels comme le spectacle, le show-business, la télévision, sont plus exposés que d'autres à la tentation d'accepter certains avantages condamnables. Bien des entreprises se sont distinguées ces derniers temps dans la rubrique des faits divers, et la jurisprudence regorge de cas de malversation dans lesquels les dirigeants ont plus ou moins habilement poussé leurs cadres à commettre des irrégularités. Fraude fiscale, évasion de capitaux, bilans un peu trop enjolivés, licenciements abusifs, contrats crapuleux, publicité mensongère, fraude sur l'origine des marchandises… À tel point que certains groupes ont entrepris de former leurs cadres sur l'attitude à tenir en cas de… mise en examen !

Force est de reconnaître que le courage fait partie des valeurs les moins répandues dans les entreprises. Le risque de licenciement pour « perte de confiance » fait trembler les plus audacieux. D'après un sondage de Bernard Brunhes consultants et de BVA[4], un salarié sur deux évite soigneusement d'évoquer franchement les problèmes (quels qu'ils soient), lorsqu'ils surgissent. De peur d'être mal vu, ou carrément, de perdre leur job. Dans 81 % des cas, les langues ne se délient que devant les collègues. Rarement devant les chefs. Fabrice, trésorier d'entreprise dans l'agroalimentaire, confie : « *Depuis deux ans, une nouvelle direction s'est engagée sur des objectifs financiers très élevés. Moyennant quoi elle touche un important bonus. Ces dirigeants font pression sur les services comptable et financier afin qu'ils présentent des bilans toujours meilleurs que les précédents. Du coup, nos chiffres sont, disons, arrangés. Nous décalons les règlements de*

© Éditions d'Organisation

---

4. Avril 2004.

manière à présenter une situation de trésorerie avenante. »[5]
Rien n'oblige Fabrice à se rebeller contre cette pratique
qui semble s'instaurer durablement. Surtout s'il fait
prendre conscience du risque juridique encouru à ses
collègues de service. À une condition : en discuter tranquillement avec les responsables, sans vocifération ni
menace de dénonciation. **En entreprise, le courage est
rare, mais il est plus souvent récompensé qu'on ne
pourrait le croire.** Julien, cadre marketing, qui en a fait
l'expérience personnellement, en est convaincu. Dans
son entourage, un groupe de cadres dont son propre chef
modifiaient la composition des préparations alimentaires
produites dans cette usine. N'écoutant que sa conscience, et au risque de s'attirer les foudres de toute une
équipe, il a dévoilé le subterfuge à la maison mère, après
en avoir averti les intéressés. S'il a perdu l'estime de ces
derniers, Julien a tout de même été promu responsable
de la qualité, pour son courage et son intégrité.

Mais les circonstances ne sont pas toujours aussi
favorables : *« Certaines instructions sont données de
manière si lapidaire qu'on n'a pas le temps d'y songer »*, dit
ce cadre de ressources humaines, à qui son P-DG a
intimé l'ordre de virer un collaborateur tombé en
disgrâce. De quelle manière ? À moi de trouver. *« Ne me
dites pas que vous n'avez pas une petite idée pour faire ça…*

© Éditions d'Organisation

---

5. In *Courrier Cadres*, 3 juin 2004.

proprement », lui a lancé le big boss sans autre remarque. *« Je n'ai pas pu. J'ai préféré démissionner »*, avoue ce spécialiste aujourd'hui reconverti dans le coaching de dirigeants. Pourtant, il n'est pas toujours nécessaire d'aller jusqu'à cette extrémité.

Vous connaissez les textes qui régissent votre profession ? Alors, refusez d'exécuter les instructions qui vous paraissent clairement frauduleuses. Si nécessaire, vérifiez le bien-fondé de vos soupçons en interrogeant discrètement une organisation professionnelle ou certains de vos collègues, sans dévoiler d'information confidentielle. Évitez, le temps de vos démarches, toute déclaration urbi et orbi. Le devoir de réserve fait partie de… l'éthique. En attendant que les procédures d'alerte en vigueur aux États-Unis et en Grande-Bretagne se généralisent en France, faites officiellement acte de désapprobation à votre supérieur hiérarchique et gardez une trace écrite. En fonction de la gravité du problème, ne vous en tenez pas à ce premier niveau hiérarchique, remontez plus haut. L'entreprise dispose d'un médiateur interne ou d'un déontologue ? Saisissez-le. Le DRH peut aussi servir d'intermédiaire dans l'examen du dossier.

Mettre une touche d'éthique dans sa pratique professionnelle, c'est aussi adopter un comportement adapté. Jouer au mouchard sous prétexte de code éthique n'avance à rien. Un consultant spécialiste des restructurations raconte l'histoire de ce cadre qui, paniqué par le plan social à venir, s'est transformé en « *petit rapporteur* », dénonçant les uns, critiquant le travail des autres devant le directeur général. « *À l'heure des décisions, il a été placé parmi les premiers à virer.* » **Quant à ceux qui affichent leur conviction pour se poser en victime toute désignée du harcèlement moral au travail, ils réussissent au mieux à s'empoisonner l'existence, au pire à finir au fond d'un placard.**

On trouve même des cadres prêts à jouer les Robin des bois et à saboter leur entreprise de l'intérieur. Par exemple, en déconseillant les produits vendus par leur entreprise, en démotivant leurs collègues, en répandant des bruits malveillants dans les couloirs. Un étonnant sondage de l'institut Gallup révèle qu'ils seraient 16 % dans ce cas, en France ! Le Club informatique des grandes entreprises françaises ne souligne-t-il pas, tous les ans, que la première source de malveillance informatique se trouve à l'intérieur même des entreprises ? Aucune forme de militantisme ne peut justifier de tels comportements. Sans feindre d'ignorer ce qu'il se passe dans votre entreprise, jouez plutôt la carte de l'éthique dans vos relations professionnelles : collègues, chefs, clients, partenaires de l'entreprise.

Et si l'envie de faire vibrer votre fibre sociale vous démange trop fortement, alors que vous n'entendez pas changer d'entreprise, lancez-vous dans le mécénat de compétences. Surtout si votre entreprise, à l'instar de Kiabi ou d'Altran, s'en sert comme outil de formation et de développement personnel. Les compétences que vous acquerrez tout en vous mettant au service d'une noble cause, seront prises en compte dans votre déroulement de carrière. En témoigne cet informaticien d'Altran, prêté pendant six mois à une ONG pour l'aider à monter un plan marketing, et qui peut désormais se prévaloir de cette expérience pour briguer un poste en interne. C'est tout bénéfice.

LE QUIZ

Êtes-vous vraiment un « pur » ?

Vos valeurs sont-elles de vraies valeurs, ou vous réfugiez-vous derrière l'éthique pour ne pas vous affirmer ? Vérifiez que vous parlez au moins le langage du socialement correct.

Entourez la réponse qui vous semble la plus appropriée. Reportez-vous à la page des réponses.

1. Le *whistleblowing* est :

a - Un système formalisé dans l'entreprise pour signaler toute dérive déontologique

b - Un mécanisme permettant de solliciter l'intervention d'un médiateur

c - Un air musical pour faire patienter au téléphone les interlocuteurs de l'entreprise

2. La notation sociale :

a - Est effectuée par les syndicats de l'entreprise

b - Est attribuée par des agences indépendantes

c - Est délivrée par le P-DG après audition du DRH et des délégués du personnel

3. La certification SA 8000 :

a - Concerne l'efficacité du système de production de l'entreprise

b - Apprécie les efforts de l'entreprise en matière de protection de l'environnement

c - Garantit que l'entreprise respecte les normes sociales et éthiques en matière de fabrication et de commercialisation

4. Le délit d'initié :

a - Ne s'applique qu'aux entreprises cotées en Bourse

b - Est constaté chaque fois qu'un cadre divulgue des informations confidentielles

c - Est amnistié dès lors que l'entreprise change d'actionnaires

5. Le sigle OSI signifie :
a - Une organisation de solidarité internationale
b - Un organisme social interprofessionnel
c - Une opération socialement incorrecte

6. La nouvelle loi sur le mécénat d'entreprise date de :
a - 1901
b - 1975
c - 2003

7. La concurrence déloyale :
a - Peut entraîner une peine de prison
b - Des dommages et intérêts
c - Les deux

8. La CNIL (Commission nationale informatique et liberté) :
a - A le pouvoir de faire détruire les fichiers illicites
b - N'a qu'un rôle consultatif auprès du gouvernement
c - A un pouvoir de contrôle et peut alerter la justice

9. Il existe en France :
a - 100 000 associations à but non lucratif
b - 1 million d'associations
c - 5 millions d'associations

10. La clause de confidentialité vous impose :
a - De ne jamais divulguer des données sensibles
b - De ne pas dire du mal des dirigeants en public
c - De toujours défendre les marques de l'entreprise

Réponses

1 = a ; 2 = b ; 3 = c ; 4 = a ; 5 = a ; 6 = c ; 7 = c ; 8 = b ; 9 = c ; 10 = a

• **Vous avez 10 à 7 bonnes réponses :** vous êtes bien informé. À vous d'agir en votre âme et conscience en toutes circonstances.

© Éditions d'Organisation

- **De 7 à 5 bonnes réponses :** vous prenez certains de vos a priori pour des réalités. Avant d'être vertueux, il vaut mieux bien connaître ses contraintes.
- **Moins de 5 bonnes réponses :** vous pourrez difficilement affirmer que l'éthique guide votre action. Mais si tel est le cas, plongez-vous immédiatement dans la lecture des textes qui régissent votre profession, et d'une façon générale, le monde du travail.

LE COUP À JOUER

Comme Françoise, décrochez le poste de responsable du développement durable

Françoise est attachée de presse chez un fabricant de textile qui a délocalisé sa production en Asie du Sud-Est. Rien, dans ses attributions, ne l'oblige à s'intéresser aux pratiques sociales des sous-traitants. Pourtant, guidée par sa « fibre » éthique, elle pousse sa direction à demander une certification SA 8000, un label qui garantit que l'entreprise veille au respect strict des règles éthiques, y compris chez les prestataires lointains. « *J'ai fait valoir auprès de la direction marketing que cette certification aurait un fort impact sur notre image. On m'a écoutée* », raconte Françoise. Le résultat concret de cette certification n'a pas été mesuré en termes économiques, mais l'entreprise a fait l'objet de nombreux articles de presse, et gagné en notoriété de la marque. Plusieurs enseignes de distribution spécialisée l'ont alors référencée. Du coup, la direction a décidé de créer une direction du développement durable, directement rattachée au P-DG. Il a paru naturel que Françoise décroche ce poste qui fait d'elle, désormais, la « gardienne de l'éthique ». Une promotion inespérée, mais méritée.

JE VEUX PROGRESSER TRÈS VITE

Du genre pressé, vous vous verriez bien d'ici trois à cinq ans, évoluer dans les hautes sphères de la hiérarchie. Vous n'avez donc pas une minute à perdre. Malgré votre détermination, vous devrez faire preuve de constance et d'audace. Vous devrez aussi déjouer les multiples pièges qui vous seront tendus pour tester vos capacités ou tout simplement pour freiner votre élan. Toujours prêt ?

«Rien ne sert de courir… ». La célèbre maxime de La Fontaine ne vous convient guère. Vous êtes plutôt du genre à foncer tête baissée vers vos objectifs pour les atteindre en un temps record. Ne changez rien, vous avez sans doute vos raisons.

La carrière au pas de charge est souvent la marque des jeunes diplômés ambitieux et des jeunes cadres de moins de trente ans. D'autant plus qu'avec le ralentissement économique et l'éclatement de la bulle Internet, les jeunes diplômés ont droit à la douche froide : les salaires à l'embauche ont accusé une chute brutale. Jusqu'à 30 % de moins dans certains secteurs. Même les diplômés des écoles les plus prestigieuses sont concernés. Pour retrouver des niveaux de rémunération vertigineux, il faut pouvoir progresser. Or, selon le baromètre Cadroscope de l'Apec, les promotions arrivent bien trop lentement pour les plus pressés : deux à trois ans après le recrutement. Moins de croissance entraîne moins d'ouvertures de nouveaux postes hiérarchiques. Moralité : pour progresser, il faut jouer du coude. Bien plus qu'avant.

Mais les JCDPA (jeunes cadres dynamiques et plein d'avenir) n'ont pas l'apanage de la course contre la montre. Les plus expérimentés peuvent être aussi amenés à forcer l'allure. C'est le cas de ceux qui ont dû reculer pour mieux sauter. Cas typique : le cadre qui, pour se remettre en selle, a accepté un poste sous-qualifié

© Éditions d'Organisation

par rapport à ses compétences et son potentiel. Il débarque dans sa nouvelle entreprise avec une idée fixe : rattraper le plus vite possible son « retard ». C'est le cas de Jean-Marie, dans un cabinet anglo-saxon qui a récemment fermé sa filiale française. Recruté comme consultant senior par un concurrent, il s'est donné deux ans pour décrocher le titre d'associé. *« En acceptant ce poste après neuf mois de recherche, je fais un important sacrifice au niveau de mes revenus. Mais j'ai la ferme intention de me refaire rapidement. Pour cela, il n'y a qu'une seule solution : devenir associé. Je n'ai pas avoué mon plan à mon recruteur. Mais je me donne au maximum trois ans pour arriver à mes fins. »* **L'envie de progresser très rapidement peut aussi s'inscrire dans le cadre d'un projet global de vie.** André, employé depuis six ans dans une société d'édition, n'a jamais fait preuve d'une ambition particulière. Bien vu par ses supérieurs hiérarchiques, compétent et heureux dans son job, il a déjà bénéficié de trois augmentations successives qui suffisaient à son bonheur. Jusqu'à son récent mariage. Désormais, André voit la vie autrement. Notamment, il nourrit le projet d'acquérir un appartement dans un délai de deux ans, avant la naissance d'un premier enfant. Du coup, son projet professionnel a changé : il veut passer directeur de collection, le plus vite possible.

Quelle que soit la raison de votre course contre la montre, jouez finement... Donnez-vous un temps d'observation. Informez-vous : **repérez les critères évidents selon lesquels votre supérieur hiérarchique du moment note ses collaborateurs.** La performance bien sûr, mais laquelle ? Votre boss privilégie-t-il le quantitatif, c'est-à-dire le volume de travail, ou plutôt la rigueur et la précision ? Semble-t-il préférer les innovateurs aux conservateurs ? Quel type de comportement favorise-t-il ? La convivialité ou la distanciation, l'affectif ou le strictement rationnel ? Si vous voulez progresser très vite, sans doute n'aurez-vous pas le temps d'influer sur ces critères. Autant vous y conformer tout de suite. Faites confirmer vos impressions par des collègues, de préférence ceux qui ont été récemment promus. **À partir de vos observations, établissez la ligne de conduite appropriée dans chacun des domaines de la vie professionnelle : compétence technique, savoir être, savoir-vivre à l'égard du chef et des collègues…**

Ce préalable établi, passez à votre plan d'attaque. Il s'agit de démontrer que sur tous les points considérés comme valorisants, vous êtes parmi les meilleurs, sinon le meilleur. Fixez-vous de petits objectifs concrets. Par exemple, si vous êtes commercial, lancez-vous le défi d'être le meilleur vendeur du mois et foncez. Vous êtes contrôleur de gestion, votre pari peut consister à améliorer le délai de reporting d'une journée. Évitez toutefois les paris impossibles, les défis insurmontables, croyant démontrer vos capacités hors du commun.

Non seulement vous vous retrouverez surchargé de travail, mais des échecs successifs ruineraient votre réputation. Comme en témoigne la mésaventure de ce jeune juriste aux dents longues fraîchement débarqué dans le service contentieux d'un opérateur de téléphonie. D'emblée, il s'est positionné comme le spécialiste du recouvrement des créances difficiles. Il tenait à rouvrir les dossiers des entreprises considérés comme insolvables. L'idée a séduit le directeur du service. *« Il a fait illusion quelques mois, raconte un de ses collègues. Il a brassé beaucoup de vent, perdu énormément de temps, mais n'a pas pu faire rentrer un centime. »*

Parallèlement, préoccupez-vous des aspects relationnels. Et d'abord avec votre chef. Normal, c'est lui qui décide des promotions. Il est réputé distant ? Efforcez-vous d'être l'un des rares à accéder facilement à son bureau, voire à déjeuner périodiquement avec lui. Pour cela, il faut évidemment avoir matière à l'intéresser : projets, dossiers en cours, demande de conseil sur votre travail et pourquoi pas, centre d'intérêt commun. Il est affectif ? Insistez sur les points de similitude entre lui et vous. Dans une certaine mesure, n'hésitez pas à l'imiter, sans le singer. Surtout sur le plan des méthodes de travail. Soyez celui qui comprend ses instructions au quart de tour et qui lui communique des notes rédigées selon son plan et dans son style. Attention, il n'est pas question de devenir son cadre préféré, mais seulement de vous distingué par rapport à vos collègues et de mettre toutes les chances de votre côté, pour qu'à l'heure de l'entretien d'appréciation, vous puissiez récolter les fruits de cette bonne impression que vous lui aurez donnée tout au long de l'année.

Cette opération de séduction ne doit pas se limiter à votre chef. À l'égard des collègues qui vous ont vu débarquer et que vous vous apprêtez à doubler, la plus grande finesse s'impose. Pour sortir du lot, pas besoin de tout bousculer sur son passage. Inutile de se transformer en donneur de leçons, ni en Monsieur je-sais-tout. Ce serait le moyen le plus sûr de commettre des erreurs préjudiciables et surtout de vous faire détester. **Cultiver le goût du secret, minimiser le travail des autres, fuir le travail en équipe afin de passer pour l'as des as sont autant d'attitudes à éviter.** Bien au contraire, passez pour un collègue facile à vivre (sans aller jusqu'à rechercher à tout prix l'estime de tous).

Ouvrez grand vos yeux et vos oreilles. Un cadre qui veut progresser vite est un cadre qui apprend vite. Soyez donc réceptif à tout ce qui est nouveau, positif. Au lieu de vous irriter du succès d'autrui, tirez-en parti pour vous-même et pour le futur. Un collègue s'est planté ? Au lieu de ricaner dans son dos en vous disant « un concurrent de moins dans la course à la prochaine augmentation », cherchez plutôt à vous rapprocher de lui pour apprendre de son échec. Sur le travail des autres, distribuez des compliments chaque fois que vous le pouvez. « J'ai trouvé ton dossier super, comment as-tu réuni ces informations ? », « Merci pour le contact commercial chez Inc & Co, cela m'a beaucoup aidé ». Vous serez étonné de l'estime que vous recevrez en retour et de l'écho qu'aura un tel comportement auprès du chef.

Démarrer aussi vite que le lièvre de la fable ne vous empêche pas d'avoir la constance de la tortue. **Projetez-vous au-delà de votre poste actuel, et commencez dès à présent à préparer le terrain pour le job suivant.** C'est d'abord une question d'introspection. Ne cédez pas à la frénésie des candidatures internes. *« On repère vite les impatients qui surfent sur l'intranet à longueur d'année, à la recherche d'un poste mieux placé, n'importe lequel, raconte un DRH. Ils se décrédibilisent, postulent à trois, voire quatre postes par an. »* Ne distillez pas de vraies fausses confidences dans les couloirs sur vos intentions futures. Le droit de préemption sur les promotions et les postes à pourvoir n'existe pas. Faire savoir que vous briguez telle ou telle position dans le but « d'accréditer l'idée dans l'esprit de tout le monde » ne vous aidera pas, bien au contraire, vous ne parviendrez qu'à susciter des rivalités et vous faire piéger par anticipation. *« On peut avoir le sentiment trompeur qu'en annonçant ses intentions, on prend une sorte de pari public qui oblige ensuite à aller jusqu'à la réalisation, mais c'est un leurre »*, confirme André Muller[6]. Le pari d'aller de l'avant et vite, vous ne le prenez qu'avec vous-même.

D'accord, vous êtes pressé, mais n'en n'oubliez pas pour autant la cohérence de votre parcours. Revisitez l'organigramme de l'entreprise et pointez un ou deux postes plus haut placés que vous pourrez raisonnablement viser avec de réelles chances de succès. Dans la mesure du possible, évitez de cibler des postes uniques, déjà occupés. À l'inverse, incluez dans votre recherche les postes vacants à votre portée (départs à la retraite, démissions récentes, recrutements externes en cours). **Ne vous privez pas d'imaginer des postes inexistants qui pourraient être taillés sur mesure pour vous.** À condition bien sûr que cela corresponde vraiment à un besoin que vous avez déterminé et que vous seriez capable d'argumenter. Avant de vous mettre dans la peau d'un candidat extérieur à l'entreprise qui postulerait pour ces postes et d'évaluer vos « chances » si vous postuliez aujourd'hui, assurez-vous que vous possédez bien toute l'information afférente au contenu de ces jobs et non pas une « simple vue de l'extérieur ». N'hésitez pas, le cas échéant, à contacter les titulaires. Vous pouvez même vous soumettre à un 360° de proximité. La méthode consiste à vérifier par questionnaire auprès de vos proches, collègues, amis, parents, que

---

6. André Muller, *La technique du succès,* les Éditions Diateino, 2002.

© Éditions d'Organisation

vous possédez bien des qualités que vous pensez être les vôtres. De nombreux sites Internet proposent en ligne des 360° de proximité, faciles à mettre en œuvre[7].

De votre analyse, deux réponses peuvent émerger.

- **Première hypothèse** : il apparaît que vous pouvez postuler dès à présent. Livrez-vous à un minutieux travail d'inventaire : recensez les qualités personnelles et professionnelles qui ont forgé votre conviction et listez les réalisations récentes qui plaident en votre faveur. Construisez un argumentaire comme si vous deviez passer un entretien d'embauche dans les jours prochains. Travaillez à fond cet argumentaire, soyez le premier convaincu. Mieux, faites de cet objectif une quasi-obsession puis, sans perdre plus de temps, jetez-vous à l'eau. Oubliez la peur de l'échec et postulez en respectant la procédure interne et en y mettant les formes : candidature directe auprès du manager dont dépend le poste, entretien préalable avec votre supérieur hiérarchique du moment ou demande adressée à la DRH.

- **Deuxième hypothèse** : vous vous reconnaissez une ou plusieurs lacunes. Secouez-vous et prévoyez d'urgence la formation appropriée. Vous êtes un

---

7. C'est le cas de Executive coread (www.executive-coread.com), de CSP (www.csp.fr) ou encore de isiquest (www.isiquest.com).

homme pressé, ne visez pas l'inévitable MBA qui vous occupera pendant dix-huit mois. Soyez pragmatique, fiez-vous au plan de formation maison et choisissez le stage le plus proche de votre besoin. Pour parfaire votre préparation, il est possible de vous imposer un *assessment center* en ligne. À distance, vous serez mis à l'épreuve, sur la base de situations courantes dans le poste visé, et pourrez ainsi tester vos capacités et vos progrès. Pratique et pas cher.

Ne vous arrêtez pas en si bon chemin. Répétez l'opération, cette fois pour un ou deux postes situés deux crans au-dessus de celui que vous occupez actuellement. **Ne limitez pas votre recherche à la sphère immédiate de votre service.** Vous êtes diplômé d'école de commerce actuellement au service comptabilité ? Visez le contrôle de gestion, les achats, le secrétariat général. Ingénieur d'études, étendez le champ de vos investigations à la production, au technico-commercial, à la maintenance, à la veille technologique en fonction de vos goûts personnels. *« Dans certains cas, on s'aperçoit que le* gap *entre les niveaux hiérarchiques est minime »*, fait remarquer Philippe Gelin, conseil en organisation d'entreprise. La manœuvre n'est pas facile, mais il est possible de sauter une case et de se porter directement candidat pour un poste situé deux échelons au-dessus du sien. Il faut se tenir prêt, faire preuve d'opportunisme, en profitant de circonstances exceptionnelles comme les réorganisations, les départs inopinés, les hésitations des candidats mieux placés sur la grille hiérarchique, les mises en concurrence internes.

Annette, aujourd'hui directrice des ressources humaines dans une compagnie d'assurance, en témoigne : « *J'étais responsable de la formation. Mon N+1 était le chef du service carrières et emploi, lui-même coiffé par la directrice des ressources humaines. J'étais plus qualifiée que mon supérieur hiérarchique. En revanche, il avait l'avantage de l'ancienneté dans la fonction et dans l'entreprise. Lorsque mon prédécesseur a quitté l'entreprise à la suite d'une divergence avec la direction, mon supérieur hiérarchique n'a pas souhaité prendre plus de responsabilité. Je me suis portée candidate. Pour ne pas le froisser, la direction m'a refusé le poste, mais m'a confié l'intérim, en attendant un recrutement externe qui n'a jamais été effectué. En quelques semaines, j'avais démontré que j'étais à la hauteur.* » En appliquant cette méthode de proche en proche, vous vous éviterez des années d'attente dans l'antichambre de la promotion interne.

LE QUIZ

Avez-vous l'étoffe du héros ?

Si certaines entreprises avisent les jeunes cadres qu'elles intègrent dans un vivier, d'autres préfèrent les observer en toute discrétion. Mais il est des signes qui ne trompent pas. Êtes-vous pressenti comme haut potentiel ?

Répondez par Oui ou Non à ces questions et reportez-vous au résultat.

1. Avez-vous été recruté dans le cadre d'un programme particulier, réservé à une catégorie de jeunes diplômés ?
OUI   NON

2. Votre parcours d'intégration était-il différent des procédures habituelles ?
OUI   NON

3. Avez-vous souvent des entretiens en tête-à-tête avec votre supérieur hiérarchique ?
OUI   NON

4. Ce dernier sollicite-t-il parfois votre avis ?
OUI   NON

5. Les N+1 et N+2 vous appellent-ils par votre prénom ?
OUI   NON

6. Le DRH s'intéresse-t-il de près à vous ?
OUI   NON

7. Vous confie-t-on des missions spécifiques en dehors de vos fonctions courantes ?
OUI   NON

8. Êtes-vous bénéficiaire de formations de management ou de développement personnel à intervalles rapprochés ?
OUI   NON

9. Vous a-t-on promis ou proposé un poste à l'international, même pour une courte durée ?
OUI   NON

10. Trouve-t-on dans la haute hiérarchie de l'entreprise des cadres qui ont eu les mêmes débuts que vous ?
OUI   NON

11. Vous a-t-on proposé un mentor plutôt bien placé dans le top management ?
OUI   NON

12. Avez-vous l'impression qu'on vous confie des missions *étonnamment* variées ?
OUI   NON

13. Avez-vous été soumis à un ou plusieurs *assessment centers* ?
OUI   NON

14. Avez-vous accédé plus rapidement que la moyenne à un poste de management ?
OUI   NON

15. Vous souvenez-vous des dernières félicitations de votre chef ?
OUI   NON

16. Êtes-vous parfois convié à des réunions auxquelles ne vous donne pas accès votre rang hiérarchique ?
OUI   NON

17. Vous a-t-on confié une mission particulièrement difficile alors que rien ne vous qualifiait pour la réussir ?
OUI   NON

18. Bénéficiez-vous d'un salaire parmi les plus élevés de votre grade ?
OUI   NON

19. Avez-vous déjà changé de fonction ?
OUI   NON

20. Vous sentez-vous heureux dans l'entreprise et en confiance avec la hiérarchie ?
OUI   NON

Résultats

- Il est rare que tous ces signes concordent. Mais si d'aventure, vous avez répondu vingt fois oui, c'est que vous faites véritablement figure de star dans cette entreprise. Votre ascension y sera fulgurante.
- **Entre 20 et 15 Oui :** vous appartenez déjà à l'élite de l'entreprise.
- **De 15 à 10 Oui :** vous vous êtes fait remarquer et devez confirmer.
- **Moins de 10 Oui :** une appréciation juste vous concernant serait du genre « bon élément », sans plus.

LE COUP À JOUER

Comme Juliette, choisissez le meilleur des mentors

« Vous êtes libre de choisir votre mentor, y compris parmi les membres du comité de direction. » Celui qui tient ces propos devant le parterre de jeunes recrues réunies en séminaire d'intégration n'est pas n'importe qui puisque c'est le DG lui-même. C'était il y a un peu moins d'un an. Juliette l'a bien noté et ne l'a pas oublié. Lorsqu'après sa période d'essai et sa confirmation dans son poste de chercheur en laboratoire, la question du choix d'un mentor (obligatoire dans cette filiale d'un groupe américain) s'est posée, Juliette n'a pas hésité. Elle s'est offert le coach le plus exigeant peut-être, mais le plus efficace : le directeur général lui-même. *« Il a été*

à la fois surpris par mon audace et ravi d'être sollicité, car c'était la première fois », raconte Juliette. Sous l'aile du big boss, elle a cependant dû travailler plus dur que la moyenne, mais a tiré grand profit de ce soutien. Content des performances de sa protégée, le DG a présenté Juliette à plusieurs hauts managers de l'entreprise. *« Seule, je n'aurais jamais pu approcher ces dirigeants »*, reconnaît l'intéressée. *« Je ne bénéficie pas pour autant de favoritisme, mais dans le cadre de mes fonctions, cela m'aide énormément, en cas de besoin, de pouvoir décrocher mon téléphone et d'appeler directement la directrice financière ou le patron du marketing. Ils savent qui je suis. »* Grosse cerise sur le gâteau : en trois ans, Juliette a déjà bénéficié de deux promotions.

JE SOUHAITE UNE GRANDE MOBILITÉ INTERNE

Écoutons les experts : dans les années à venir, un cadre exercera, en moyenne, au moins trois métiers différents au cours de sa carrière. Les études de l'APEC confirment : dans 41 % des cas, la mobilité interne se fait au profit d'un changement de fonction. L'enchaînement des changements ne concerne encore que les plus audacieux et les plus mobiles, intellectuellement. Vous en faites partie ? Pilotez serré : vous devriez pouvoir exercer avec succès trois, voire quatre métiers, sans changer d'employeur.

Plusieurs situations peuvent pousser un cadre à jouer à saute-mouton, d'une fonction à l'autre, au sein d'une même entreprise. Jeune, il hésite encore à choisir sa voie entre expertise et management. Il se dit qu'une immersion temporaire dans chacun des deux univers lui permettrait de toucher du doigt des réalités concrètes avant de s'engager. Une option plutôt sage. **On sait, hélas, que bon nombre de jeunes premiers briguent à tout prix des postes de management, s'y investissent plusieurs années, avant de constater, échecs consommés, qu'ils réussiront mieux dans l'expertise.** À l'inverse, combien de managers en herbe se sont fourvoyés dans la technique, avec un succès mitigé, gâchant ainsi leur talent de meneur d'hommes ?

Certains cadres expérimentés, passionnés par leur secteur d'activité, attachés à leur entreprise et ne souhaitant à aucun prix en changer, trouvent de possibles évolutions dans les changements de fonction. « *Je n'aurais pas pu rester vingt-six ans dans ce groupe si je n'y avais pas exercé des métiers très différents* », explique un de ces seniors, ancien salarié d'Areva, passé successivement par la R&D, la production et le technico-commercial. Quelques entreprises font même de cette mobilité intellectuelle, une obligation. Des clauses spécifiques prévoient que les cols blancs devront non seulement accepter la mobilité géographique, mais aussi des propositions de postes qui sont relativement éloignées de leur formation initiale. Cette pratique est courante dans la grande distribution. Exemple de la fonction achats chez Auchan : « *L'acheteur est attentif aux cours des produits, sensible à leur qualité... Il sait adapter l'offre aux attentes des clients et conseiller les chefs de rayon. Pour être acheteur chez Auchan, il ne suffit pas de savoir négocier les prix avec les fournisseurs. C'est pourquoi, les acheteurs Auchan ont préalablement exercé avec succès le métier de chef de secteur.* » Impossible d'arriver au niveau de directeur d'hypermarché sans avoir exercé pour une durée plus ou moins longue, toute une palette de fonctions allant de chef de rayon à responsable de caisse. Beaucoup font même un détour par des postes administratifs (ressources humaines, le marketing, le contrôle de gestion, les achats), avant de prendre du galon comme patron d'hyper, poste très convoité dans le métier. Dans un tout autre secteur, celui de la métallurgie, un ingénieur qui veut diversifier ses compétences peut aiguiller son parcours entre cinq grandes familles de métiers au sein d'une même entreprise : la conception, la fabrication, le pilotage et la surveillance, la prévention et le dépannage / maintenance, le conseil et le commercial.

Passer par plusieurs métiers-clés peut aussi faciliter votre évolution de carrière si, au tournant de la quarantaine, vous envisagez d'évoluer vers la direction générale d'une

PME où, probablement, vous serez amené à jouer les hommes-orchestre. La volonté d'exercer plusieurs métiers dans une même entreprise peut enfin s'expliquer par la préparation d'un ambitieux projet personnel : création ou reprise d'entreprise. *« Avoir tâté successivement au cours de sa carrière de la gestion, des ressources humaines et du commercial, cela aide »*, explique la jeune Marjolaine, qui vient de créer sa société de conseil en télécommunications après un parcours de dix années chez un opérateur national. *« Cela ne fait pas de moi une femme-orchestre, mais je comprends et résous plus vite les problèmes. Ni mes collaborateurs, ni les consultants ne peuvent me bluffer. »* Quelle que soit votre motivation et le contexte dans lequel vous envisagez d'effectuer ces mobilités successives, notez que l'entreprise ne vous tendra la perche que dans de rares cas : restructurations, fusions notamment. Le plus souvent, il vous appartiendra de manifester votre désir de changement. *« **Dans le cadre d'une mobilité, les changements de fonction se font le plus souvent à l'initiative du cadre** »*, confirme l'APEC[8].

Une chose est sûre : la stratégie « changements de fonction successifs » est payante : *« Si l'on devait hiérarchiser, selon quatre critères significatifs d'une « belle » gestion traditionnelle l'évolution professionnelle, à savoir l'élargissement*

---

8. Dans son enquête mobilité, édition juin 2004.

des responsabilités (la promotion, la croissance de la taille des équipes), l'augmentation de la rémunération et l'accès à la formation continue, le changement de fonction arriverait en tête » affirme l'Apec[9]. Alléchante perspective, mais chemin parsemé d'embûches : attendez-vous à ce que votre force de travail, votre formation de base, votre culture générale et même votre savoir être soient mis à rude épreuve. En tout cas, bien plus que si vous restiez cantonné dans votre spécialité ou filière de métier.

Rien n'empêche un autodidacte de tenter une telle aventure, surtout s'il connaît parfaitement l'entreprise qui l'emploie et possède une forte capacité d'adaptation. **Mais il faut reconnaître que cette stratégie réussira plus aisément à ceux qui disposent d'un solide bagage universitaire.** Mieux encore, la double formation constituera un indéniable atout. Le profil rêvé du cadre qui slalome entre les fonctions : titulaire de deux parchemins complémentaires. Concrètement, c'est le fort en thème qui cumule un diplôme d'ingénieur et un MBA ou encore un DESS scientifique et un diplôme d'IAE (Institut d'administration des entreprises).

Tout compte fait et toutes aptitudes bien mesurées, vous décidez de jouer la carte de la diversification au sein de votre entreprise ? Soit. Mais avant de dévoiler vos ambitions et de jeter votre dévolu sur un poste disponible

© Éditions d'Organisation

---

9. Source : enquête mobilité, juin 2004.

dans une fonction différente de la vôtre, assurez-vous d'abord que vous maîtrisez votre job initial. Combien de jeunes (et moins jeunes) cadres n'ont-ils affirmé de manière péremptoire devant leur supérieur hiérarchique ou devant leur DRH : « *J'ai fait le tour de la fonction, il faut que je passe à autre chose* » alors qu'ils n'avaient pas encore fait leurs preuves ? Patience et méfiance : les entreprises n'apprécient guère les dilettantes et les « touche-à-tout », bien que le discours officiel tende à encourager la mobilité. **Plus ouvertes aux souhaits de mobilité fonctionnelle en phase de croissance organique, de développement par acquisitions, les entreprises se montrent plutôt méfiantes en période économique difficile.** On ne saurait faire fi de cette donnée.

Quand bien même vous auriez été repéré comme un excellent élément, il vous faudra faire preuve de diplomatie à chaque changement. Normal, votre chef ne vous laissera pas partir de gaieté de cœur. En outre, dans les entreprises multinationales dotées d'une organisation matricielle (hiérarchie croisée entre patrons d'activités et patrons par métiers), le manager chargé de votre filière n'adhérera pas spontanément à votre projet. Imaginez la tête du boss marketing apprenant que son meilleur chef de pub s'est mis en tête d'aller s'essayer au contrôle de gestion. Embûche supplémentaire sur votre chemin : votre candidature au nouveau poste fera l'objet d'un examen méticuleux de la part du manager qui recrute. En effet, en tant que néophyte, vous ne figurerez pas parmi ses favoris. À moins de jouir d'une indiscutable réputation.

Du reste, rien ne vous garantit un accueil chaleureux dans l'équipe que vous allez rejoindre. Prenons le cas de cet ingénieur de production qui a bifurqué vers les ressources humaines. Certains spécialistes de la fonction personnel présents dans l'entreprise ont vu d'un mauvais œil ce parachutage d'un « amateur ». *« L'esprit de corps existe encore dans les entreprises. À chaque nomination d'un manager issu d'une autre fonction, on a l'impression, à tort ou à raison, que notre métier perd de sa technicité »*, avoue l'un de ces rétifs.

Afin de limiter le risque d'échec, évitez le grand écart. Fraîchement lesté d'un MBA, ne commencez pas à marcher sur les plates-bandes du service financier sous prétexte que vous venez d'apprendre les dernières techniques de consolidation. Un DESS de droit des affaires récemment acquis dans le cadre d'un congé individuel de formation ne vous qualifie pas d'office pour tenter une percée dans la fonction juridique, trop technique et nécessitant une bonne pratique de terrain. Choisissez plutôt une fonction naturellement proche et complémentaire de la vôtre. Ingénieur de production, vous avez eu l'occasion de manager des hommes, de recruter, de gérer des conflits sociaux. Il ne paraîtra pas illogique que vous tentiez de vous orienter vers les ressources humaines au bout de quelques années de pratique. Cadre des achats, vous avez toujours travaillé de concert avec vos collègues du marketing opérationnel. Basculer des achats vers la mercatique semble cohérent. Par ailleurs, beaucoup de nouveaux métiers se prêtent aux conversions et diversifications. Des exemples ? Les postes de veille technologique, de webmestre, de déontologues, ceux liés au développement durable, à l'environnement, à l'émergence des tendances de consommation. Ne vous contentez surtout pas d'une vision extérieure ou théorique de ces fonctions. Resituez-les dans le contexte de l'entreprise et avant de postuler, prenez contact avec les titulaires en place. Qui mieux qu'eux pourrait vous informer sur les exigences, les compétences et éventuellement les satisfactions professionnelles auxquelles vous pourrez vous attendre ? Dans certaines grandes entreprises, il existe des descriptions de postes très détaillées ; consultez-les auprès de la DRH. Cela vous permettra de confronter vos envies à la réalité et de valider vos hypothèses, de prévoir d'éventuelles formations, d'évaluer la « concurrence ».

Ne tentez pas une telle expérience si vous traversez une période difficile sur le plan personnel. Même à l'intérieur de la même entreprise, un changement de fonction nécessite beaucoup d'énergie, une forte implication et de sacrés changements. Il faudra sans doute mettre les bouchées doubles pour maîtriser rapidement les ficelles du nouveau métier, pratiquer un vocabulaire nouveau, constituer un carnet d'adresses professionnel à l'extérieur de l'entreprise, adopter un rythme de travail différent. Peut-être sera-t-il nécessaire d'effectuer une mobilité géographique.

Vous avez franchi tous ces obstacles et effectué votre premier changement de métier. Bravo. Mais le plus dur reste à faire : vous imposer dans un nouveau job où l'on ne vous attendait pas. Faites preuve d'humilité : ne débarquez pas avec des théories toutes faites, des critiques acerbes à l'encontre de votre prédécesseur et des méthodes supposées révolutionnaires. Avant toute chose, observez, écoutez, apprenez. Identifiez un ou deux piliers du service et appuyez-vous sur eux pour capter ce qui, par manque de réflexe, ne vous frappe pas. Identifiez sans complaisance vos propres lacunes et traduisez-les en besoins de formation. Toutefois, il ne paraît pas judicieux de demander un stage avant même de prendre le poste. Non seulement cela ferait sourire vos rivaux et vos collaborateurs, mais vous risqueriez de prendre vos nouvelles fonctions, lesté de toute la théorie héritée de la formation. Et théorie ne vaut pas, loin s'en faut, pratique. Retroussez vos manches, mettez-vous à l'œuvre et attendez d'avoir pris la température du terrain, avant d'aller compléter vos connaissances. Si possible, choisissez un mentor officiel ou officieux parmi les experts les plus expérimentés du métier. Il sera toujours flatté de vous guider et sa caution contribuera à asseoir votre autorité. Si vous manquez d'assurance et surtout si vous en avez les moyens (à moins que l'entreprise ne vous les donne), faites appel à un coach dans les premiers mois. **Gardez bien à l'esprit que l'entreprise s'intéresse plus à vos résultats présents et à votre potentiel qu'à vos succès passés.**

En cas de difficulté, ne comptez pas sur l'indulgence de la direction ou de votre nouveau boss, au nom de vos états de service dans l'entreprise, aussi brillants soient-ils. Le DRH d'un grand groupe textile explique : « *Nous sommes à l'écoute des cadres qui souhaitent changer de fonction. Naturellement, nous les aidons à réussir dans leurs nouvelles responsabilités. Mais ils savent qu'ils prennent un risque. Il n'y a pas d'indulgence particulière à l'égard des transfuges et il n'existe pas de gilet de sauvetage. L'échec est tout simplement sanctionné.* » Une analyse que partagent la plupart de ses confrères, sans le dire ouvertement. Voilà qui explique pourquoi les cadres sont de moins en moins demandeurs de mobilité fonctionnelle. Surtout lorsqu'ils commencent à prendre de la bouteille. Un vrai paradoxe, car, bien expérimentés, ils devraient avoir plus de facilité à slalomer.

Pour votre part, une fois le changement effectué, inscrivez-vous dans une perspective de trois à cinq ans, si vous voulez réellement tirer profit du passage dans cette fonction, avant d'en aborder une autre. Foncez, concentrez-vous sur vos objectifs et ne faites preuve d'aucune nostalgie par rapport à votre position antérieure. Jeter l'éponge reviendrait à renoncer définitivement à la « stratégie des métiers différents » avec, dans la bouche, le goût amer du renoncement. Avouez que ce serait un gâchis.

LE QUIZ

Trois jobs dans la même entreprise,
est-ce vraiment un bon plan ?

D'un côté, vous êtes tenté par la diversification de vos compétences, meilleure manière de vous préparer à prendre de hautes responsabilités ou tout simplement de soigner votre employabilité. De l'autre, vous redoutez la dispersion, le brouillage de votre image, la confusion dans votre parcours. Faites rapidement le point.

Voici une liste de douze arguments souvent invoqués par les cadres qui refusent le slalom en cours de carrière. Vous y êtes plus ou moins sensible. Marquez une croix à chaque argument que vous jugez recevable et reportez-vous au résultat.

1. J'ai déjà beaucoup investi dans ma fonction, inutile d'aller voir ailleurs

2. Je vais perdre ma technicité

3. Je vais prendre inutilement le risque d'un échec dans une autre fonction

4. L'investissement psychologique et émotionnel est trop élevé

5. Mon boss ne me laissera pas partir

6. Je n'ai plus l'âge du zapping

7. Je ne veux pas donner l'image d'un généraliste, ou pire, d'un « amateur »

8. Il faudrait une formation préalable, et je n'en ai pas le temps

9. On sait ce qu'on quitte, on ne sait pas ce qu'on trouve

10. Mieux vaut viser une progression hiérarchique rectiligne

11. Si jamais je change d'entreprise, mon prochain employeur ne comprendra pas ces zigzags

12. Le changement de fonction va ralentir la progression de ma rémunération

Résultats

- **Moins de 3 croix :** vous êtes le roi de la mobilité, rien n'arrêtera votre curiosité professionnelle.
- **De 3 à 5 croix :** vous semblez hésiter entre vos intérêts à long terme et les avantages immédiats d'une carrière limpide. Il faudra choisir.
- **Plus de 5 croix :** vous n'êtes pas du genre qui slalome. Tout juste savez-vous faire preuve d'opportunisme. Il vous suffit sans doute de saisir les occasions au bond.

LE COUP À JOUER

Comme Aline, mettez-vous, un temps, dans la peau des autres

À trente-quatre ans, Aline, chargée d'études clientèle à la direction marketing d'un établissement financier, est encore célibataire. Elle n'a donc pas d'obligation familiale et rien ne la contraint à prendre de longues semaines de vacances en août, au moment des grandes transhumances. Cette ancienne élève de HEC profite de l'absence de ses collègues pour coiffer une double casquette. En plus de son job, elle propose d'assurer l'intérim d'un collègue. *« L'activité tourne au ralenti, la charge n'est pas excessive et j'en profite pour m'intéresser au travail des autres »*, explique-t-elle. Cumulativement à ses fonctions, Aline a déjà tâté plusieurs postes étrangers à sa sphère de spécialité : gestion des impayés (au

143

sein de la direction juridique), communication interne (au sein de la direction des ressources humaines), relations publiques (dépendant de la direction de la communication). Raison de ces acrobaties ? Elle envisage de diversifier son expérience au sein de cet établissement spécialisé dans le crédit à la consommation. *« Ces intérims légers, de quelques semaines, me donnent l'occasion de tester mes capacités d'adaptation et d'avoir une première idée des exigences du poste. Le tout sans engagement. »* Et en plus, son chef, ses collègues en vacances ainsi que le DRH apprécient ces gestes de bonne volonté, puisqu'elle ne perçoit en retour, aucune rémunération compensatoire.

EN MISSION TEMPORAIRE, JE TIENS À RESTER DANS CETTE ENTREPRISE

Jeune diplômé mettant le pied à l'étrier, cadre expérimenté tentant de rebondir, manager de transition par choix de vie, senior abonné aux missions de conseil, vous êtes entré dans une entreprise qui vous séduit. Vous êtes persuadé d'avoir décroché un job en or, bien rémunéré, dans un environnement motivant. Vous prolongeriez volontiers le bail. Mais comment vous y prendre pour transformer un emploi temporaire en CDI ? Suivez le guide.

Transformer leur emploi temporaire en poste stable et viable. Voilà le pari que des milliers de cadres tentent de relever. **De plus en plus, et notamment lorsque la météo économique devient orageuse, l'entrée dans l'entreprise se fait par la petite porte**, celle d'un contrat d'intérim, d'un contrat à durée déterminée, d'une mission de management de transition… Selon l'Apec[10], 25 % des cadres débutants font leur entrée dans la vie active par un job dit précaire. Rares dans les agences d'intérim il y a quelques années, les cadres expérimentés s'adressent de plus en plus naturellement aux entreprises de travail temporaire. Même s'il on compte encore assez peu de cadres parmi les intérimaires, les agences dédiées aux cols blancs sont légion. Certaines poussent la spécialisation jusqu'à ne recruter que dans un secteur particulier, dans une fonction précise, dans une région déterminée. Parallèlement, les sociétés de management de transition se développent à grande vitesse. Leur dynamisme est tel que même des majors du conseil créent des filiales pour surfer sur la vague. *« Le nombre de contrats courts a doublé en dix ans et concerne désormais un salarié sur dix »*, constate le Ministère de l'emploi.

Certes, un tiers des contrats dits « précaires » se transforment par la suite en emploi ferme. Mais le passage du

© Éditions d'Organisation

_____
10. Enquête insertion des jeunes diplômés, 2004.

statut de « mercenaire » de l'emploi à celui de collaborateur permanent ne va pas de soi. Si vous êtes titulaire d'un de ces contrats courts, sachez mettre toutes les chances de votre côté : selon le contexte de votre embauche, les besoins avérés ou cachés de l'entreprise ; en fonction aussi de vos propres capacités et atouts, jouez la bonne carte.

Premier cas de figure : votre mission n'a de temporaire que le nom. L'employeur utilise ce type de contrat pour tester – à moindre risque – vos compétences et votre adéquation à l'emploi. Bref, il s'agit d'une période d'essai déguisée. Quelques indices vous permettent de percer la stratégie de l'entreprise qui vous a accueilli. L'emploi que vous occupez, à titre officiellement temporaire, ne semble pas limité dans le temps. Les tâches, classiques dans la fonction, font partie du cycle normal de production. Vous ne remplacez pas un titulaire absent. Vous avez été recruté en direct, sans l'intermédiaire d'une agence d'intérim et encore moins d'une société de management de transition. Vous aviez adressé à l'entreprise une candidature spontanée. Si tous ces indices coïncident, il existe sûrement une possibilité de vous incruster durablement.

Oubliez alors le caractère temporaire de votre contrat, et comportez-vous comme si vous étiez en période d'essai. Certes, vous avez déjà les deux pieds dans l'entreprise et n'êtes plus en concurrence avec d'autres candidats, mais le recruteur a devant lui une longue période pour confirmer son choix. Pour transformer l'essai, vous devez absolument apparaître comme un bon élément. Vous n'avez donc pas intérêt à jouer le mercenaire pur et dur. Au contraire, montrez-vous curieux de l'entreprise, de ses us et coutumes, de sa stratégie, de ses objectifs. Vous devrez vous informer, prendre des contacts, observer et même investiguer. Car avant de faire le choix de rester, il vous faut aussi apprécier les vraies forces de cette entreprise. Un coup d'œil sur l'historique vous en dira déjà long. Le périmètre actuel de la société est-il le fruit de fusions, acquisitions successives ? La société est-elle de création récente, ce qui voudra dire qu'il n'y a pas eu d'habitudes établies, ou au contraire s'agit-il d'une multinationale, d'une entreprise familiale centenaire dans laquelle les procédures sont très ancrées ? *« J'avais décortiqué les rapports d'activité, confie Arnaud, recruté comme chargé de communication interne dans une société de plasturgie. Mais je m'étais focalisé sur les comptes financiers. Mon principal souci était de vérifier la solidité de l'entreprise. J'ai découvert plus tard que je venais de rejoindre un groupe familial où la contestation n'était pas de mise et où la hiérarchie était très forte. J'ai dû m'y habituer, mais si je l'avais su, j'aurais mieux préparé mon immersion »*, avoue-t-il.

Pour s'informer a minima sur les traits dominants d'une entreprise, il suffit de s'intéresser aux rubriques

© Éditions d'Organisation

« ressources humaines » de son rapport d'activité, ou de décoder par une lecture « entre les lignes » le traditionnel « mot du président » – bien sûr, faire abstraction de la composante langue de bois –. À défaut d'éléments concrets, vous y reconnaîtrez certains ingrédients qui composent à coup sûr la culture de l'entreprise. Certains principes s'appliqueront jusque dans le détail à la manière dont vous prendrez vos fonctions : *« Il n'y a pas de place pour l'improvisation, car nous nous engageons pour des durées de dix à vingt ans »*, dit par exemple le président de Suez-Lyonnaise des eaux. Traduction pratique pour le cadre qui vient de rejoindre une société de la galaxie Suez-Lyonnaise : les contrats sont sacrés, la qualité des relations avec la clientèle primordiale, les erreurs très, très coûteuses. Ce n'est pas sans conséquence sur le comportement au quotidien. Chez Suez, vous devrez avoir le sens des relations publiques, celui de la rigueur et de la durée. As du papillonnage, aimant changer d'interlocuteur et de dossier tous les mois, vous n'êtes pas automatiquement inapte, mais vous pourriez éprouver quelques difficultés à vous conformer aux exigences d'une telle entreprise.

Autre exemple : les éditions Atlas, connues pour leurs « encyclopédies » populaires et leurs ouvrages de vulgarisation, à base d'attrayantes maquettes. La direction cite quatre valeurs officielles : l'art de détecter les plaisirs, la capacité à créer le meilleur produit, l'adaptation au marché et la satisfaction du client. On peut oublier les notions passe-partout de satisfaction du client et d'adaptation du marché. Mais les mots-clés de plaisir et de meilleur produit font office de véritables clignotants. Ici, on ne vous pardonnera pas les fautes de goût, et encore moins les initiatives qui se solderaient par des mécontentements de la clientèle. Bref, le marketing est roi. Autant ne pas l'ignorer. De même que vous ne feriez pas une longue carrière chez Ikea si vous aimez le travail en solitaire et les décisions unilatérales. C'est inscrit dans la charte de l'entreprise, avec une traduction concrète dans le mode de notation des salariés. Si vous atterrissez dans une PME, il est moins probable que les principes de fonctionnement soient gravés dans le marbre. Il faudra donc les déchiffrer par votre sens de l'observation.

Saisir les codes de sa nouvelle entreprise, c'est aussi comprendre comment on y vit. Observez par exemple le niveau de familiarité qu'entretiennent les collaborateurs entre eux. La poignée de main matinale, la tape amicale sur l'épaule ou dans le dos, le tutoiement ou au contraire le vouvoiement sont autant de signes qu'il faut immédiatement intégrer. **Bon nombre de salariés temporaires affectent d'ignorer ses us, au prétexte qu'ils sont libres de tout engagement et ne sont pas obligés de se couler dans le moule maison.** Agir ainsi, c'est fournir des signes de non-adaptabilité. *« Les règles ne sont pas* *aussi simples, observe Pierre, qui vient de rejoindre une société d'études marketing, en CDD. J'ai d'abord cru que tout le monde se tutoyait. Puis j'ai compris que si les cadres de même rang se tutoyaient, ils vouvoyaient ceux de niveau supérieur. Le vouvoiement était également de rigueur entre hommes et femmes. Je m'y suis fait.* » Un cadre adepte de l'intérim raconte : « *J'ai connu une entreprise dans laquelle les gens faisaient systématiquement le tour des bureaux pour dire bonjour à chacun avant de rejoindre le leur. Chez mon employeur actuel, un tel comportement serait jugé ridicule. Partout où je passe, je me plie aux règles.* »

Ne négligez pas les modes de communication en vigueur : réunions à deux ou à plusieurs, notes e-mail, contacts informels dans les couloirs, rendez-vous fixes ou impromptus… Ne bombardez pas vos collègues de mails, même si vous avez de bonnes raisons de le faire, alors que tout le monde se téléphone. Ne lancez pas abruptement : « Prenons rendez-vous », alors que l'habitude est prise de se parler sans autre forme de procès. Par ailleurs, il faudra veiller à épouser un tant soit peu les codes verbaux maison. Si les appellations DG, DA et DSI sont de mise, ne faites pas le malin en persistant à parler de directeur général, de directeur administratif et financier ou de directeur informatique. Jeune diplômé, oubliez les abréviations tout droit sorties de la fac et les anglicismes s'ils n'ont pas cours dans l'entreprise que vous venez de rejoindre. En émaillant vos présentations de *login, top of mind*, et autres gimmicks obligeant vos interlocuteurs à vous demander de quoi vous parlez, vous faites peut-être le brillant jeune premier mais, au mieux, vous indiquez que vous méprisez les habitudes maison. Au pire, vous faites passer les autres pour des ignorants et il est peu probable qu'ils apprécient… Cadre expérimenté, n'importez pas le jargon hérité de votre précédent employeur. Ne persistez pas à parler de *team meeting* si vous entendez parler autour de vous de « réunion projet ». Le pire étant de lancer négligemment « pardonnez-moi, c'est une vieille habitude ». De même, pour vous présenter au téléphone sans vous tromper, exercez-vous chez vous à dire votre nom et le nom de votre nouvelle entreprise. Rien n'est plus révélateur que de voir un salarié se tromper systématiquement sur ce point en décrochant le téléphone. Des détails comme la teneur des conversations, la convivialité, la capacité à faire le vide ou le consensus autour de soi, l'art et la manière de déjeuner avec ou sans ses collègues sont autant de signes qui feront la réussite ou l'échec de votre intégration, si vous décidez de rester dans cette entreprise.

Deuxième cas de figure : votre mission était vraiment limitée dans le temps et vous devez la pérenniser. Dans ce contexte, jouer le côté « bon camarade » ne vous sert à rien ; l'employeur n'a à l'esprit qu'une équation

économique : le rapport qualité / prix de votre presta-
tion. Pour l'amener à considérer votre contribution sous
un autre jour, plusieurs stratégies sont possibles.

L'une d'entre elles consiste à **repérer les compétences
qui manquent dans l'entreprise, et que l'on serait
capable d'apporter**. Exemple concret avec Ludovic,
spécialiste de la consolidation, embauché en CDD de
quatre mois au service financier. Sa mission : aider les
cadres maison à boucler la préparation des comptes de
fin d'année. *« De par mes fonctions, mais aussi par les
conversations que j'ai pu avoir avec les salariés de différentes
filiales, j'ai remarqué qu'il manquait dans plusieurs sociétés
du groupe, des cadres maîtrisant parfaitement les nouvelles
normes comptables. Or, j'ai travaillé trois ans à Londres, et
la comptabilité anglo-saxonne dont s'inspirent ces nouvelles
normes n'a aucun secret pour moi. J'ai tout de suite compris
que j'avais une carte à jouer dans ce domaine. C'est ce que
j'ai fait. »*

Vous pouvez aussi créer de toutes pièces un nouveau
poste, durable celui-là, à partir de l'emploi temporaire
que vous occupez. Pour cela, vous devrez vous montrer
entreprenant, et vendre un projet crédible à votre patron.
Plus facile à faire dans une PME que dans une grande
entreprise. Ce fut en tout cas la démarche de Charles,
cadre commercial, embauché par un éditeur de logiciels
professionnels à l'occasion du lancement d'un nouveau
produit. *« Je ne comprenais pas pourquoi l'entreprise visait*

les marchés américain et anglais, mais ignorait l'Europe du Sud. Enquête faite, le réflexe était historique : aucun responsable commercial ne connaissait l'Espagne, ni l'Italie, ni le Portugal. Les autres ont tous minimisé ces marchés. La direction ne voyait pas l'intérêt de traduire les logiciels dans ces langues, en l'absence d'un marché assez prometteur. » Charles a procédé par étapes. *« Pas question de brusquer les collègues en leur faisant comprendre qu'ils passaient à côté de marchés très juteux depuis plusieurs années. Chargé de la zone ouest, s'étendant à peu près de Nantes à Bayonne, je me suis d'abord attaché à atteindre les objectifs régionaux. Puis j'ai émis l'idée d'un marché test de l'autre côté des Pyrénées. Je n'ai reçu dans un premier temps que des objections. Notoriété inexistante en Espagne, particularismes locaux, difficulté de traduire les jeux dans la langue de Cervantès, investissements importants pour un résultat incertain, manque de relais de distribution, etc. Toutefois, après réflexion, la direction m'a demandé de présenter un projet, avec un budget et des comptes prévisionnels. Cinq mois plus tard, j'étais chargé d'ouvrir un petit bureau commercial à Barcelone, mon CDD a été renouvelé, avant d'être transformé en CDI. »*

Julie a suivi la même stratégie (celle du cadre entreprenant) pour s'incruster dans un cabinet d'architecte où elle avait atterri par hasard. Le cabinet recherchait une décoratrice d'intérieur pour un chantier ponctuel, relatif à un salon international. *« Ce n'était pas notre métier, mais le client préférait une solution clefs en main, alors nous avons décidé de recruter une décoratrice pour cinq mois »*, explique le cofondateur du cabinet. Quelques semaines seulement après son arrivée, Julie surprenait (agréablement) l'équipe en présentant un projet de création d'une activité décoration d'intérieur. Tout y était : une mini-étude de marché, une analyse de la concurrence, une liste de clients potentiels, des exemples de projets, des tarifs, des comptes prévisionnels. *« En réalité, avoue-t-elle, j'ai remis sur le tapis, en l'adaptant, un projet de création d'entreprise sur lequel j'avais travaillé. J'ai compris que ce projet avait encore plus de sens s'il se réalisait à l'intérieur d'un cabinet d'architecte ayant pignon sur rue. »*

Enfin, pour pérenniser un emploi temporaire, une troisième stratégie peut consister à valoriser la totalité de son expérience, y compris celle à laquelle l'entreprise n'a pas fait appel dans le cadre précis de la mission temporaire. Les seniors sont particulièrement bien placés pour jouer cette carte. *« Dans le cadre d'une mission temporaire, les entreprises sont très exigeantes sur les compétences relatives à leurs préoccupations du moment, et font abstraction de toutes les autres expériences que le cadre recruté a pu avoir dans d'autres fonctions. Ainsi, lorsqu'une entreprise recherche un DRH qui sait conduire des restructurations, elle est attentive aux plans sociaux que l'intéressé aura précédemment conduits, mais passe très vite sur ses compétences en matière de politiques* *de formation, de rémunération, de recrutement »*, reconnaît un expert. Une fois dans l'entreprise, c'est au cadre de faire savoir qu'il est également capable d'accomplir des missions dans ce domaine. Dans beaucoup de cas, cela déclenche de nouvelles missions et même des contrats à durée indéterminée. L'expérience a été vécue par Hamid, consultant informatique, recruté pour une mission d'intérim. *« En plein déploiement de son progiciel de gestion intégré SAP, l'entreprise d'accueil voulait un spécialiste de SAP. En tant que consultant, je n'avais pas seulement travaillé sur les progiciels de gestion. J'avais également conduit par le passé des missions de création de* help desk *(aide en ligne à l'intérieur de l'entreprise), de conduite de projet, de gestion de clientèle (CRM dans le jargon des spécialistes). »* Au fur et à mesure de sa mission, Hamid fait savoir à tout le service informatique qu'il dispose de compétences variées et serait capable d'intervenir dans tous ces domaines si le besoin s'en faisait sentir. C'est ainsi qu'il a enchaîné trois missions d'intérim, sur des postes différents, pour une durée totale de dix-huit mois. Avant de décrocher un poste définitif de « consultant interne » !

Avant de vous lancer dans l'une ou l'autre de ces démarches, assurez-vous toutefois que vous avez réellement envie de travailler durablement dans l'entreprise d'accueil. Car, fragilisé par la peur du chômage (jeune diplômé) ou par une période de chômage (cadre expérimenté ou senior), l'intérimaire, le titulaire d'un CDD ou le manager de transition a parfois tendance à surestimer son poste et son environnement de travail. Ce faisant, il sous-évalue les sacrifices en termes de salaire, de position hiérarchique, de confort de vie qu'il a dû faire pour décrocher ce poste temporaire. Suivant l'adage « un tiens vaut mieux que deux tu l'auras », il pêche par excès d'enthousiasme. Gare à la désillusion. Il vaut parfois mieux effectuer plusieurs missions temporaires pour enrichir son expérience en attendant de rebondir, que de sauter sur la première occasion donnée.

Le prestige de l'entreprise, les conditions particulières qui entourent la mission temporaire sont également des sources de malentendus. Écoutez cette traductrice qui s'est battue bec et ongles pour bénéficier d'un CDI chez un fabricant de machine à outil. Longtemps indépendante et prestataire pour le compte de ce fabricant, elle était persuadée que le changement de statut juridique ne serait qu'une simple formalité. Erreur : quelques mois après son embauche, elle découvre les lourdeurs de la hiérarchie, ressent durement le manque d'autonomie, s'aperçoit que les primes de résultat ne sont pas forcément à son avantage. Et pour couronner le tout, elle se sent, à quarante-sept ans, « décalée » au milieu d'une équipe marketing et communication dont la moyenne d'âge tourne autour de 30 / 32 ans. Résultat : elle a préféré démissionner.

LE QUIZ

*Avez-vous vraiment envie de poser vos valises
dans cette entreprise ?*

Répondez par Oui ou Non aux questions suivantes.

1. La hiérarchie vous pèse-t-elle ?
OUI   NON

**2. Éprouvez-vous des difficultés à vous conformer aux horaires
et aux rythmes de travail ?**
OUI   NON

3. Avez-vous du mal à évaluer vos objectifs sur le long terme ?
OUI   NON

**4. Préférez-vous planifier sur l'année, en toute autonomie, vos
périodes de travail et vos temps de repos ?**
OUI   NON

**5. Pouvez-vous trouver deux sacrifices personnels qu'impliquera
votre embauche définitive dans cette entreprise ?**
OUI   NON

**6. En vous projetant à 2 ou 4 ans, pouvez-vous citer un ou
plusieurs postes que vous pourriez occuper ?**
OUI   NON

7. Vous vous êtes fait au moins un copain dans cette entreprise
OUI   NON

8. Vous sentez-vous isolé ?
OUI   NON

**9. Vous vous sentez fier de travailler pour cette entreprise,
même temporairement ?**
OUI   NON

10. Recommanderiez-vous ses produits ou services à vos relations ?

OUI   NON

11. Le salaire que vous percevez est-il manifestement inférieur ou supérieur à ceux pratiqués dans ce secteur ?

OUI   NON

12. Êtes-vous capable de trouver trois raisons pour ne pas rester dans cette entreprise ?

OUI   NON

Résultats

Vous partez avec un capital de 12 points. Retirez un point de votre « capital » si vous avez répondu Oui aux questions 1-2-3-4-5-8-11-12. Ajoutez un point à votre capital si vous avez répondu Oui aux questions 6 et 10 – Non à la question 5.

- **De 15 à 10 points** : vous avez posé le pied dans l'entreprise quasi idéale. À moins de tenir particulièrement à votre indépendance, vous devriez forcer pour décrocher un contrat à durée indéterminée. Faites remarquer votre motivation.
- **De 9 à 6 points** : vous vous tâtez encore ? Sachez que nul n'est marié à vie à son entreprise. Vous pouvez donc faire un bout de chemin dans celle-ci, ne serait-ce que pour consolider l'expérience actuelle.
- **Moins de 6 points** : vous avez le réflexe « Mission » et vous vous comportez un peu comme un « mercenaire ». Vous exercez votre métier avec compétence mais sans attachement particulier à votre employeur du moment. Passez plutôt votre chemin, une fois votre mission achevée. À moins que la situation du marché de l'emploi ne vous oblige à trouver ici un « refuge » temporaire.

LE COUP À JOUER

Comme Hubert, enrichissez votre emploi pour le pérenniser

Hubert, trente-quatre ans, DRH, devenu abonné aux contrats d'intérim par nécessité, connaît bien le secteur de la téléphonie. Il a dirigé les ressources humaines d'un opérateur qui a, depuis, déposé son bilan. Lorsque, pour sa troisième mission de l'année, il arrive chez ce prestataire de centre d'appels (cinquante-cinq salariés), il se sent tout de suite dans son élément. Un effectif jeune, une forte pression, mais une ambiance décontractée, des challenges commerciaux, des dirigeants attentifs à la marche des affaires. Initialement, Hubert a été recruté pour quatre mois. Son job dans cette boîte sans DRH (la paie est sous-traitée, et la gestion administrative est assurée par le service comptabilité) : recruter une vingtaine de personnes en un mois, pour faire face à une montée en charge. Puis identifier deux ou trois potentiels qui pourraient faire office de superviseurs.

Décidé à rester plus longtemps dans cette PME qu'il juge attachante, Hubert a habilement enrichi sa mission. Première étape : il a démontré l'importance de la formation et conçu un plan pour l'année. Deuxième étape : il a souligné les effets néfastes du turn-over excessif et proposé une vraie gestion du personnel. Enfin, il a souligné l'importance d'une politique de rémunération plus subtile. D'autant plus que l'entreprise vient de se doter d'un comité d'entreprise, avec des représentants syndicaux de plus en plus pugnaces. *« En rapatriant la paie qui était sous-traitée, tout cela pouvait faire un vrai poste de DRH, économiquement rentable »*, analyse la nouvelle recrue.

160

JE NE SUIS QUE DE PASSAGE DANS CETTE ENTREPRISE

Besoin de compléter une formation universitaire par une première expérience de terrain ; envie de diversifier ses missions grâce aux possibilités du consulting ; décision de passer de la grande entreprise à la PME ou vice versa. De nombreuses raisons peuvent amener un cadre à ne pas envisager une carrière au long cours dans l'entreprise qui l'emploie. Pour rebondir efficacement ailleurs, il faut avoir minutieusement ficelé son projet et programmé la transition. Points-clés.

On le sait maintenant : plus aucune entreprise, pas même celles qui relèvent du secteur para-public, ne peut garantir l'emploi à vie. Il faut donc se préparer à changer de cadre professionnel, volontairement ou non. Certains cadres ont déjà intégré cette donne dans leur projet personnel au moment même où il se font embaucher. C'est le cas du jeune diplômé qui accepte un premier job qui ne correspond pas exactement à son souhait, mais qui lui permet de « se faire la main ». Ainsi Charles, vingt-six ans, tout juste sorti d'un double cursus : DESS de gestion et DEA de droit privé. Pour lui, l'emploi idéal serait celui de juriste d'entreprise. *« J'ai tenté de décrocher une place d'assistant dans les services juridiques des grandes entreprises. Sans succès. J'ai donc décidé de commencer par une première expérience dans le consulting. »* Charles a rejoint un cabinet indépendant et se donne quatre ans pour atteindre la maturité nécessaire. *« Je travaille loyalement au sein de l'équipe, mais je ne perds pas de vue mon objectif. J'apprends énormément au contact des consultants expérimentés, mais aussi des clients. Je note soigneusement les cas les plus intéressants que nous ayons à traiter. J'essaie toujours de me mettre à la place du juriste des entreprises clients. J'observe leur stratégie en me disant que cela servira plus tard. »*

Beaucoup de jeunes, même dotés d'une première expérience, entrent dans l'entreprise non pour y mener une longue carrière, mais pour valoriser leur CV et se constituer en quelques années une bonne carte de visite. En somme, se faire un pedigree. Certains secteurs, comme le consulting et la grande distribution, sont même réputés pour accueillir ces zappeurs. **Un passage réussi dans ces entreprises écoles assure une accélération de carrière dans des PME ou des sociétés concurrentes, avec un salaire souvent supérieur à la moyenne de la profession.** Maurice Rozet, chasseur de têtes, président du cabinet Alexander Hughes international situe le « bonus » de la bonne « carte de visite » entre 15 et 20 %. La validité de l'expérience dépend bien sûr de la réputation de l'entreprise concernée. Ainsi, avoir réussi dans le marketing chez Coca-cola, Procter & Gamble ou Kraft garantie de très belles perspectives dans cette fonction. Autre métier, autres références : dans la finance, les noms de Lazard, de la Caisse des dépôts et consignations ou de Saint Gobain font naturellement autorité. Tout comme les acheteurs de Valeo et de Renault bénéficient d'un a priori très favorable auprès de tous les recruteurs. Ces derniers ne s'y trompent pas. **Avoir franchi le seuil de ces entreprises écoles constitue déjà en soi un certificat de compétences.** Normal, en France, Procter recrute une centaine de cadres par an, sévèrement triés parmi quinze mille candidats ! De plus, ces entreprises offrent à leurs salariés ce qu'il y a de mieux en termes de techniques professionnelles, de formations internes, de méthodes, de procédures. *« Dix ans après mon départ de chez Henkel, je me sers encore des méthodes que j'y ai apprises »*, atteste le directeur général d'une PME spécialisée dans les systèmes de fermetures de portes. Il a passé quatre ans chez le lessivier pour se faire un nom dans le marketing et le commercial. Certains poussent la sophistication jusqu'à additionner les parcours dans des entreprises emblématiques, à raison de quatre à cinq ans par étape. Une stratégie qui paie, dans la plupart des cas. Comme le prouve l'expérience de cette jeune femme, aujourd'hui P-DG d'une des premières sociétés françaises de communication. Professionnelle du marketing, elle a acquis une première notoriété chez Procter, puis a enchaîné avec le concurrent et non moins prestigieux Henkel. De quoi taper dans l'œil des chasseurs de têtes.

Il arrive aussi que l'on choisisse une entreprise pour avoir l'assurance de toucher, au plus près, le top de la technologie. Cet argument concerne en particulier les ingénieurs, les informaticiens et les chercheurs. Qu'ils soient débutants ou déjà solidement expérimentés, ils sont nombreux à forcer la porte des numéros un mondiaux. Pas pour y faire carrière, mais pour parfaire leur formation et se frotter au meilleur de leur fonction tout en disposant d'outils sophistiqués qui n'existent pas dans les PME, pour d'évidentes raisons de coût. Côtoyer les meilleurs informaticiens de France ? Il n'y a pas de viviers plus appropriés que Cap Gemini, Steria ou Unilog. Le génie électrique ? Legrand et Schneider évidemment. L'électronique et les télécommunications ? Philips, Siemens et Sagem, sans hésiter. Excellent pour grimper par la suite (vite et haut) dans une PME. Comme l'a fait cet ex-chef de projet de Siemens, qui a négocié sans peine un poste de directeur industriel chez un sous-traitant de la firme d'origine allemande. *« Il y a un postulat de base : le candidat qui vient d'une entreprise prestigieuse vise évidemment un poste plus haut placé, un challenge à la hauteur de son potentiel. Cela n'aurait pas de sens de lui proposer un poste de même niveau »*, explique le chasseur qui l'a débauché.

Mais le mouvement ne s'opère pas toujours de la grande entreprise vers la PME. L'inverse se fait aussi fréquemment. Un parcours couronné de succès dans une petite ou moyenne entreprise peut ouvrir la voie à un poste de haut niveau dans une grosse structure. En témoigne Jean-Jacques, à peine trente-deux ans, ingénieur universitaire, bombardé directeur industriel d'une marque agroalimentaire. *« N'étant ni polytechnicien, ni centralien, je risquais d'être pénalisé dès mon début de carrière dans les très grands groupes. Conseillé par un coach, j'ai plutôt cherché un poste à responsabilité dans une petite entreprise, pour avoir de l'expérience à revendre plus tard. »* Il a ainsi rejoint un fabricant de saucissons régional qui faisait ses premiers pas à l'export. Bingo ! Premier job : chargé de développer les marchés d'Europe du Sud (Italie, Espagne, Portugal). *« Je n'avais que deux ans d'expérience en bureau d'études. Je n'avais jamais pratiqué l'export. Aucune entreprise de grande taille ne m'aurait fait une telle confiance. Au début, j'étais un peu effrayé de porter tout cela sur mes épaules, puis rapidement, la confiance est venue. »* Quatre ans plus tard, Jean-Jacques, qui n'a jamais voulu s'éterniser dans cette entreprise, se fait approcher par les chasseurs de têtes…

Pour réussir son projet de « zapping », il faut l'avoir bien préparé et bien mené. Ne vous y trompez pas : **il ne suffit pas de mentionner le nom d'une grande entreprise sur son CV pour mériter l'estime des recruteurs, avoir la garantie d'un rebond avantageux, promotion et gros salaire à la clé.** Le futur employeur cherchera à décortiquer votre parcours, vos missions, vos résultats, ce que vous avez accumulé d'expérience concrète et de savoir être. Et le bilan ne lui paraîtra pas nécessairement aussi brillant que vous le pensiez.

Dès le départ, mettez toutes les chances de votre côté !

- **Faites ce qu'il faut pour être associé à des missions marquantes**. Vous êtes spécialiste du marketing ? Glissez-vous dans l'équipe chargée de lancer le dernier produit de la maison, à défaut de pouvoir prendre la responsabilité du lancement si vous êtes cadre expérimenté. Ingénieur de production, ne laissez passer aucune opportunité de faire partie des pros qui édictent les spécifications, les cahiers des charges, les normes de qualité. En bureau d'études, portez-vous volontaire pour les projets nouveaux, ceux qui apportent couronne et lauriers à leurs réalisateurs.

• **Quel que soit votre métier, veillez à accomplir des tâches diversifiées**, couvrant tous les « fondamentaux » de votre fonction. Concrètement, si vous évoluez dans les ressources humaines, ne vous laissez pas enfermer dans la seule gestion de la paye. Trouvez aussi le moyen de participer à des recrutements, de contribuer à la définition de la politique de formation, intéressez-vous aux questions de rémunération, et demandez régulièrement que l'on vous confie un pan entier des gros dossiers. Faute de quoi, il sera bien difficile de revendre votre expérience, si celle-ci se compose uniquement de petits actes de gestion quotidienne. *« J'ai eu la chance d'avoir participé directement au lancement de plusieurs produits emblématiques de la marque »*, raconte cette professionnelle du marketing, ancienne salariée du brasseur Heineken. *« Sur mon CV, cela parle aux recruteurs. »*

• **Dans la mesure du possible, diversifiez les postures.** En d'autres termes, fuyez les missions répétitives, même si elles vous procurent un sentiment de sécurité. Dans la mesure où le temps vous est compté (si votre projet professionnel est bien ficelé, vous vous êtes fixé un horizon pour changer d'entreprise), soyez très attentif à la progressivité de votre expérience. Même par petits crans, il est indispensable que vous progressiez, sinon en termes d'intitulé de poste, du moins en ce qui concerne l'importance des dossiers que vous traitez. Pour cela, basez-vous sur des critères objectifs tels que la croissance du chiffre d'affaires que vous générez, le budget que vous gérez, le nombre de personnes placées sous vos ordres, le niveau hiérarchique auquel vous référez, etc. Plus l'expérience est variée et complète, plus elle sera vendable. Un cadre qui, au sein de la même entreprise, aura alterné missions de management et activité de terrain – il aura donc été en contact avec des jeunes et des collaborateurs plus âgés – trouvera plus de facilité à convaincre. En principe, la peur de l'échec ne devrait pas vous brider, puisque vous ne comptez pas faire carrière longtemps sur place. De quoi vous désinhiber et libérer votre créativité.

- **Profitez de votre « passage » pour parfaire vos compétences.** Jetez-vous sur toutes les occasions de stages intéressants, qu'ils soient internes ou externes. *« Un cadre sur lequel l'entreprise a investi bénéficie à mes yeux d'un a priori favorable. Je considère que ses supérieurs hiérarchiques croyaient en son potentiel »*, confirme un chasseur de têtes.

- **Accordez de l'importance à l'intitulé de votre poste.** Il pourra jouer un rôle dans votre future mobilité. Certes, les titres accolés à un même contenu de poste varient énormément d'une entreprise à l'autre. Mais deux précautions s'imposent. D'abord veiller à ce que la définition de votre poste réponde à un usage courant dans la profession. Cela vous évitera des explications. S'assurer ensuite que le titre colle bien avec le niveau de responsabilité qui est le vôtre. Vous êtes directeur d'usine ? N'acceptez pas qu'on vous gratifie d'un vague « responsable de la production », si vous devez vous vendre plus tard comme patron d'usine, étiquette plus claire. Bien sûr, votre objectif ne doit pas être de bluffer le prochain employeur en lui jetant à la figure quelques titres ronflants. Néanmoins, il ne saurait être question de se dévaloriser en acceptant des appellations qui vous situent en deçà de vos responsabilités. Et méfiez-vous des situations qui peuvent laisser penser que vous êtes placardisé. Il peut paraître flatteur de se faire nommer « chargé de mission » dans le contexte de l'entreprise. À l'extérieur, cela pourrait fleurer le placard. Plus votre titre est courant et compréhensible, bref, universel, mieux cela vaudra pour la suite.

- **Faites votre press-book :** accumuler de l'expérience vendable à l'extérieur est un art. Au fur et à mesure de votre évolution, pensez à sauvegarder des preuves matérielles de vos contributions. De la même manière que les designers ou photographes nourrissent leur press-book, réfléchissez aux indicateurs que vous devrez fournir à d'éventuels futurs recruteurs. À la fin de chaque mission, en clôturant chaque dossier, prenez le temps de tirer des enseignements personnels et de situer précisément votre contribution personnelle. Il ne suffira pas de stocker des documents administratifs, des échantillons, des notes de service, des lettres de félicitations du boss, des clients ou des fournisseurs. Il faut aussi relever ce que vous avez apporté et ce que vous avez appris. Yves, contrôleur de gestion, associé au projet de déploiement d'un progiciel de gestion intégré (PGI, ou, en anglais ERP pour *enterprise resource planning*) SAP dans son entreprise, raconte : « *Je n'y connaissais rien, au départ du chantier. Deux ans plus tard, en faisant le bilan de ma participation à ce projet, j'ai été le premier étonné. D'abord, je maîtrisais parfaitement le langage des ERP. Je connaissais les principaux produits du marché, leurs points forts et faiblesses. C'est moi qui ai recensé les besoins concrets des utilisateurs des services financier et comptable. À ce titre, j'avais beaucoup appris sur les dérives possibles et les lacunes d'un ERP. J'ai appris à construire des plannings et des budgets prévisionnels dans le cadre d'un projet, à effectuer des briefings d'étape…* » Mettez votre contribution en perspective : en fonction des missions, consignez les objectifs initiaux visés par l'entreprise et

© Éditions d'Organisation

les résultats globaux auxquels vous êtes parvenu en termes d'économies réalisées, de développement du chiffre d'affaires, d'amélioration de la qualité pour ne prendre que quelques exemples d'indicateurs.

- **Vendez vos compétences complémentaires.** N'oubliez pas d'inclure dans ces bilans les missions que vous avez occupées de manière informelle ou les responsabilités extra-professionnelles exercées dans le cadre de l'entreprise, susceptibles de mettre en relief des compétences complémentaires ou des aspects valorisants de votre personnalité. Exemples : vous avez été trésorier du comité d'entreprise, président-fondateur de l'association sportive de la boîte, orateur au nom de l'entreprise dans le cadre de colloques annuels, etc. Avec le recul, et à l'analyse, certaines de ces expériences vous vaudront votre embauche pour le futur job. Comme le démontre le cas de ce technico-commercial qui avait accepté, à la demande de sa direction, et dans le cadre d'un contrat entreprise, université, de dispenser des cours dans une école de commerce. Lui qui voulait changer d'entreprise, a été recruté dans sa nouvelle comme… directeur de la formation !

- **Ne commettez pas l'erreur de croire qu'il est inutile de se constituer un réseau interne.** *« Un réseau ? Pour quoi faire, je ne suis que de passage dans cette entreprise »*, se disait Stéphane, ancien collaborateur d'une multinationale d'origine américaine. Parti pour un poste plus important chez un fournisseur, il s'est aperçu trop tard que quelques amitiés lui auraient été bien utiles pour décrocher ses rendez-vous plus rapidement. *« Je connaissais les rouages internes et les centres de décisions. Il me manquait les relais personnels que je n'ai pas cultivés du temps où j'étais dans la maison »*. À méditer.

- **Exercez votre veille marché.** Tout occupé que vous serez à engranger les meilleures expériences, ne perdez pas de vue votre objectif. Restez attentif au marché. Pour ce faire, suivez régulièrement l'évolution des offres dans votre secteur d'activité ou dans votre fonction. Les indicateurs mensuels, comme celui de l'APEC, vous y aideront. Encore que l'analyse ne saurait se limiter au quantitatif. Les compétences recherchées correspondent-elles à celles que vous connaissez actuellement ? Les salaires proposés à l'embauche se situent-ils dans la fourchette que vous imaginez comme devant convenir à votre prochain job ?

Une fois cette analyse effectuée, vous pouvez commencer à préparer votre mobilité. Pas de précipitation cependant : il faut bien calibrer votre expérience. **Un passage trop bref dans un poste pourrait passer pour un échec. À l'inverse, votre dessein initial (bouger) pourrait s'émousser si vous tergiversez ou vous attardez trop.**

Quoi qu'il en soit, une fois en phase active de recherche d'un nouveau job, inutile d'étaler tous les jours les pages des petites annonces sur votre bureau, ni de claironner votre recherche dans les couloirs de l'entreprise, vous répandant en vraies fausses confidences dès les premières touches. Profitez plutôt de vos jours de congé ou de RTT pour prendre des contacts hors de l'entreprise. C'est plus loyal et plus discret. Il faut, bien entendu, inclure les cabinets de chasse dans votre plan de recherche. Faites-vous connaître d'eux, et contentez-vous de mettre à jour votre CV dans leurs fichiers sans les harceler, puisque rien ne presse. Ils travailleront pour vous en toute discrétion, si toutefois vous les intéressez. Attention toutefois à ne pas vous montrer obsédé par la fièvre du changement, au point de rater des opportunités immédiates. Somme toute, accepter une promotion n'empêche pas de changer d'entreprise quelques mois plus tard. Bien au contraire, cela constituera même un argument supplémentaire pour convaincre l'entreprise cible et pour négocier avec elle un bon salaire d'embauche. À l'inverse, un refus de promotion paraîtra suspect…

Enfin, songez dès maintenant à relire votre contrat de travail. Des clauses comme la non-concurrence et la confidentialité pourraient influencer le choix de l'entreprise cible. Tenez-en compte pour ne pas vous exposer à des risques judiciaires. De nombreux procès opposent des entreprises à des cadres partis à la

concurrence en emportant qui des listes de fournisseurs et de clients, qui des secrets de fabrication et des
manuels de procédure. Prudence sur ce terrain
éminemment glissant.

LE QUIZ

*Le zapping d'entreprise s'inscrit-il bien
dans votre projet professionnel ?*

Mobile à tous crins : pas plus de trois ans dans une même entreprise… Cette stratégie n'a de sens que si elle s'appuie sur une analyse lucide de votre propre projet professionnel. L'exercice ci-après, simple mais nécessitant recul et réflexion, vous aidera à établir une carte de votre avenir professionnel.

À partir de votre projet de carrière…

1. Trouvez au moins cinq raisons convaincantes de ne pas rester dans votre entreprise

Pour vous y aider, voici quelques pistes de réflexion...

– À long terme, je ne pourrai pas exercer ce métier physiquement et intellectuellement trop exigeant.
– Le rythme de travail dans cette entreprise n'est pas compatible avec ma vie personnelle.
– Je suis bien dans cette fonction que j'aime, mais ce n'est pas le secteur d'activité de mes rêves.
– Il n'y a pas suffisamment de possibilités d'évolution à court et moyen termes.
– Les conditions de rémunération ne me conviennent pas.
– L'ambiance de travail me rebute.
– J'ai un projet de création ou de reprise d'entreprise.
– Je suis dans la finance ou l'audit. Dans ma profession, il est de bon ton de passer par le consulting.
– C'est une start-up. Participer à la phase de décollage me motive, le reste beaucoup moins.
– J'aimerais changer de région à court ou moyen terme.

2. Listez les bénéfices que vous pouvez tirer de l'expérience actuelle

– C'est une entreprise qui fait référence dans le métier.
– C'est l'une des rares entreprises où j'aurais pu occuper les responsabilités qu'on m'a confiées.
– La connaissance des outils techniques utilisés ici sera précieuse partout ailleurs.
– Un tel degré d'autonomie me servira pour la suite de ma carrière.
– Le concours de mentors de très bonne qualité me permettra de renforcer mes compétences.
– Les formations sont régulières et complètent idéalement mon cursus universitaire.
– La réputation de l'entreprise permet de multiplier les contacts professionnels (fournisseurs, sous-traitants…).
– Je compte rejoindre une PME où on appréciera les méthodes de travail apprises ici.
– Consultant, j'ai connaissance des problèmes de diverses entreprises.
– Je compte évoluer dans un secteur voisin. Avoir été de ce côté-ci de la barrière sera très utile et très apprécié.

3. Fixez-vous des objectifs personnels à remplir avant de vous sentir prêt à la mobilité externe

– Améliorer mon anglais au contact des expatriés et des filiales à l'étranger.
– Renforcer la confiance que j'ai en moi, grâce au coaching payé par l'entreprise.
– Acquérir une dimension commerciale.
– Maîtriser les techniques de gestion de projet.
– Combler quelques lacunes techniques.
– Me familiariser avec les principaux outils informatiques en vigueur dans la profession.
– Avoir occupé au moins un poste à l'international.

– Suivre au moins une formation lourde diplômante.
– Faire valider mes acquis professionnels par un diplôme.
– Passer par un poste de management.

LE COUP À JOUER

Profiter de toutes les formations à votre portée

Consultant junior, David ne compte pas faire carrière dans le conseil. Son plan : rejoindre le service financier d'un grand groupe d'ici à quatre ans. Dans l'intervalle, il compte compléter au mieux sa formation initiale (ESC Reims) par des missions diversifiées, mais aussi par les stages offerts par le cabinet. Alors que la plupart de ses jeunes collègues font la moue en feuilletant le catalogue des formations proposées par la DRH, ce jeune ambitieux l'épluche avec soin. Tout le monde fonce sur les stages de langues, beaucoup rongent leur frein en attendant de demander un MBA. Lui se contente de stages de quelques heures, consacrés à des aspects particuliers du droit des affaires, de la finance, de la gestion du temps. Comme les candidats à ces mini-stages ne se bousculent pas au portillon, David en a déjà effectué cinq et ne compte pas s'arrêter en si bon chemin. *« Une fois, mon patron m'a fait observer que j'y passais beaucoup de temps. J'ai répondu que je rattrapais le travail sur mon temps de loisir. C'est incroyable, ce qu'on progresse avec ces mises à jour qui n'ont l'air de rien »*, s'enthousiasme-t-il. De plus, ces stages interentreprises lui offrent l'occasion de croiser des cadres expérimentés de tous horizons, dont peut-être de futurs collègues ou… recruteurs. Et dans tous les cas, un réseau.

JE VEUX UNE FIN DE CARRIÈRE SANS RISQUE

Au tournant de la cinquantaine, vous campez solidement sur votre expérience et estimez ne plus avoir grand-chose à prouver. Vous avez la pêche, mais plus envie de vous lancer dans des batailles épiques pour briguer un poste au sommet de la hiérarchie. Une fin de carrière tranquille, sans pour autant vous ennuyer dans un job dépourvu d'intérêt, voilà ce qu'il vous faut. Quelques conseils pour mener votre barque sans risquer l'obsolescence.

Vous ne pouvez plus le nier : vous avez maintenant atteint ce qui semble être la plus haute marche que l'entreprise soit décidée à vous offrir. Vous auriez bien souhaité gagner quelques derniers échelons supplémentaires vers le *top level*. Seulement, voilà : la direction ne vous en offre pas l'opportunité et vos appels du pied sont restés sans suite. D'ailleurs, vous n'y songez même plus.

Expert ou manager, vous pouvez organiser durablement cette dernière partie de carrière dans l'entreprise, sans risque de placardisation. Votre supérieur hiérarchique vous écoute de manière affable et semble toujours aussi content de vous. Les objectifs définis ne paraissent plus inextinguibles, vous ne ressentez plus comme autrefois la pression. Ce sont des signes qui ne trompent pas : l'entreprise compte vous « installer » durablement dans votre poste actuel. *« Je sais maintenant que je ne serai pas directeur commercial »*, constate Jean-Yves, depuis onze ans administrateur des ventes chez un fabricant de matériel médical. Deux fois en cinq ans, le poste a été vacant. Deux fois, on lui a préféré un autre candidat. Cet ex-vendeur de choc qui a en charge la zone commerciale la plus importante de l'entreprise ne se démonte pas pour autant : *« Je suis dans une situation confortable. Mes commerciaux se battent bien sur le terrain, les circuits des livraisons sont bien maîtrisés, je tiens mon budget. Je pourrais pratiquement me mettre en pilotage automatique. »*

Bref, tout va bien. Surtout que dans cette entreprise, comme le souligne Jean-Yves : « *La discrimination par l'âge n'existe pas. Ici, on ne brise pas inutilement les carrières. La stratégie du pousse-toi que je m'y mette est très mal perçue.* » Et d'ailleurs, l'ancienneté dans une fonction ne signifie pas nécessairement routine. **Dans le contexte très mouvant que connaissent les entreprises aujourd'hui, on peut, même en fin de carrière, continuer de ressentir le grand frisson.**

Mais pour ceux, nombreux, qui finissent par ressentir une sorte d'usure, comment sortir par le haut et éviter d'avoir à gérer du quotidien pendant dix ou même quinze ans ? « *Beaucoup de cadres seniors, attachés à leur entreprise et souhaitant y finir leur carrière, évitent de se poser cette question, expose Georges Lucas, consultant au cabinet SLC conseil. Soit parce que l'ancienneté dans un même poste leur procure confiance en soi et sécurité, soit parce qu'ils restent dans une optique de filière de métier, et ne voient pas d'issue avantageuse à leur problème.* »

Votre premier objectif, quasi permanent, sera de préserver votre capital compétences : un acquis fragile qui peut être remis en cause au moindre changement technologique, lors d'une profonde modification des pratiques professionnelles ou s'il y a une évolution des marchés.

Tout le monde, les supérieurs hiérarchiques les premiers, trouve « normal », « naturel », qu'un cadre très expérimenté trouve des solutions aux problèmes qu'il rencontre ou qu'on vient lui soumettre, y compris les plus alambiqués qui ne ressortent pas nécessairement de sa compétence au sens strict. *« C'est le principal inconvénient de l'avantage que procure le statut de senior »*, résume sous forme de boutade Henri, auditeur interne pendant près de dix ans, désormais en poste aux services généraux. *« Je suis encore régulièrement sollicité par le contrôle de gestion alors qu'en principe, je n'appartiens plus à ce département. Ce sont des contributions pour l'honneur, souvent réalisées dans un contexte informel. »* Généreux, flatteur pour l'ego, mais pas forcément profitable. Dans un louable effort pour tenter de justifier leur salaire, certains seniors se mêlent de tout, ne délèguent plus – ou si peu – reprennent presque systématiquement les dossiers préparés par leurs collaborateurs et assistantes. Le tout en s'auto-congratulant : « Heureusement que je suis encore ici… », « quand je ne serai plus là pour réajuster le tir… », « vous n'aviez qu'à me le demander, je l'ai fait pendant des années… ». Le travers inverse est tout aussi répandu : c'est l'histoire du quadra qui, pour bien montrer qu'il est indispensable, décide d'appliquer la politique de la chaise vide. L'arrière-pensée est à peu près celle-ci : « Quand ils se seront plantés, ils viendront me solliciter. Et là, je leur jouerai le grand jeu. » *« La seule attitude à adopter pour mettre en relief sa valeur ajoutée et accroître si possible sa rémunération, c'est encore de rester soi-même. Simplement »*, conseille Bernard Serre. « Le pire ennemi du senior, c'est la dispersion », ajoute le consultant indépendant Gilles Mounissens.

Vous devrez déployer un trésor d'énergie pour préserver l'expertise qui fait de vous un collaborateur (ou une collaboratrice) précieux. **Deux outils vous aideront à maintenir votre avance sur les jeunes loups aux dents longues : votre veille personnelle et votre carnet d'adresses.**

- **Une veille professionnelle efficace** : ne commettez pas l'erreur de penser que vous savez tout de votre métier. Même si aucune innovation ne vous semble révolutionnaire. En réalité, très peu de métiers ou de fonctions connaissent des ruptures brutales. Les pratiques évoluent imperceptiblement, jusqu'au jour où l'on se retrouve déphasé. Prêtez une grande attention au plan de formation de l'entreprise et ne laissez passer aucune occasion de profiter des stages qui vous conviennent. N'hésitez pas, s'il le faut, à vous montrer insistant : les DRH, malgré leurs dénégations, ont la fâcheuse habitude d'écarter les plus de quarante ans de leurs plans de formation. Parallèlement, jouez à fond la carte de l'auto-formation. Vous devriez, par exemple, figurer parmi les utilisateurs les plus assidus du centre de ressources multimédia de votre entreprise, s'il en existe. Dépouillez minutieusement la presse professionnelle, astreignez-vous à lire au moins un ouvrage spécialisé bien choisi par trimestre et forcez-vous à lire les résumés de quelques autres, disponibles en général sur les sites des éditeurs ou dans les magazines. Vous n'aviez pas le temps de vous rendre régulièrement à la documentation de l'entreprise ? C'est le moment de prendre cette salutaire habitude. Dans la mesure du possible, participez aux rencontres interentreprises comme les séminaires, salons et colloques.

- **Un solide carnet d'adresses** : plus que jamais, restez en contact avec vos relations dans les entreprises concurrentes. Ce n'est pas le moment de déserter les réunions de votre club professionnel favori, sous prétexte que vous n'êtes plus dans la course aux postes. Bien au contraire. Tenez-vous au fait des dernières pratiques et des… derniers potins. C'est utile, pour épater vos collègues et votre chef. Plus le temps passera, plus on vous prendra, malgré vous, pour une « mémoire » de la fonction. Votre chef aussi bien que les jeunes débouleront dans votre bureau, à la recherche d'informations. Compte tenu de votre expérience, ils ne douteront pas que vous aurez réponse à leurs interrogations. « Comment fait-on pour… ? », « À qui peut-on téléphoner pour… ? », « De quand date la loi sur… ? ». Soumis à ce quiz permanent, vous renforcerez d'autant plus votre aura que vous saurez répondre. Rassurez-vous, nul n'attend de vous que vous deveniez incollable à propos de tout, mais que vous sachiez comment savoir.

Reste la question de votre évolution au sein de l'entreprise. Certes, vous ne souhaitez pas endosser des projets casse-cou ; ne briguez pas de poste au top de la hiérarchie mais, pour autant, n'allez tout de même pas végéter quinze ans (eh oui bien des quinquas ont encore quinze années de carrière devant eux) au même poste ! Faites un tour d'horizon des compétences exclusives que vous détenez. Autrement dit, faites une liste de vos savoir-faire et de vos savoir être (ils sont plus importants qu'on ne le pense généralement) qui font la différence entre vous, le senior bien rémunéré, et les trentenaires ou les quadras. *« Il s'agit d'un véritable travail d'audit et de formalisation qui nécessite du temps et de la volonté »*, indique Philippe Gil, consultant en formation et ressources humaines. Une fois que vous les aurez identifiés, vous saurez mieux utiliser ces plus, non seulement pour continuer de faire professionnellement la différence, mais aussi pour continuer d'améliorer votre rémunération.

Ainsi, vous pouvez enrichir votre fonction par une mission permanente, valorisante, qui vous distinguera. Par exemple : formateur, tuteur, mentor. La plupart des entreprises, grandes ou petites, aimeraient voir leurs seniors s'engager plus souvent dans cette voie. Bailleurs de fonds de premier plan en matière de formation professionnelle, elles souhaitent optimiser cet investissement en optant pour des formations sur mesure, internes, chaque fois que cela est possible. Les PME, notamment, ressentent davantage que les grandes entreprises l'absence de leurs salariés lorsque ceux-ci partent en formation à l'extérieur. D'après une enquête d'Agefos-PME, organisme qui gère la formation professionnelle des petites et moyennes entreprises, 44 % des entreprises de moins de cinq cents salariés considèrent l'absence des salariés comme un frein au développement de la formation professionnelle. Elles auraient donc une nette préférence pour la formation « in vivo ».

En principe, la casquette de formateur interne devrait être très recherchée par les seniors. *« C'est loin d'être le cas, constate le directeur de la formation d'un grand groupe de BTP. Comme le volontariat reste de mise chez nous, je vois venir plus de candidats intervenants de 35 / 40 ans que de seniors. »* Explication, selon Georges Lucas de SLC conseil : la peur d'apparaître comme un retraité mis sur la touche, la crainte d'affronter les jeunes cadres, souvent arrogants, le refus de prendre un « risque » supplémentaire. Il est vrai aussi que la mission de formateur paraît plus accessible aux cadres « encadrant », habitués dans leur pratique quotidienne à orienter, soutenir et assister leurs collaborateurs.

Autre possibilité d'échapper à la routine : la mobilité horizontale, surtout si vous travaillez dans un grand groupe. Votre connaissance de l'entreprise et votre réseau personnel seront dans ce cas des atouts précieux à exploiter sans scrupule. À cinquante-trois ans, René, cadre administratif dans la banque, vient de prendre son troisième poste en sept ans : « *Je ne représente plus un danger potentiel pour les managers en place. Ils ne redoutent pas que je leur fasse de l'ombre. En revanche, ils sont ravis d'accueillir quelqu'un avec mon expérience dans leur équipe, explique-t-il. De mon côté, je me suis senti très à l'aise dans les différents postes que j'ai occupés ces dernières années : mon potentiel est supérieur aux exigences, j'ai donc travaillé sans stress, dans des contextes différents. Un vrai plaisir.* »

Un poste de fin de carrière type expert, formateur, tuteur, ne doit pas vous empêcher d'améliorer vos revenus : quelle que soit votre mission, valorisez vos résultats. Dans le cas contraire, votre supérieur considérera et pourrait même vous persuader que vous êtes déjà trop payé ! Il est vrai qu'un ingénieur doté de plus de vingt-cinq ans d'expérience vaut pratiquement le double d'un débutant. Des écarts du même ordre sont observés dans les métiers liés au droit, à la gestion et d'une manière générale, aux services.

Surtout, ne vous laissez pas culpabiliser. Par ailleurs, **quelles que soient votre fonction et votre position**

hiérarchique, tenez une comptabilité minutieuse de votre temps et de vos contributions. Y compris les économies que votre travail permet, les pertes que vos initiatives ont évitées. Sans vous transformer en bureaucrate tatillon, limitez les sollicitations informelles au profit de travaux dont vous pressentez qu'ils représentent un enjeu pour l'entreprise. De ce point de vue, le développement du travail en réseau, avec groupes de projets, cellules de travail et autres clubs de benchmarking intra-groupe sont autant d'opportunités. Dans certains grands groupes, comme Grand Vision ou Pinault-Printemps-Redoute, il existe même des clubs de métiers où s'échangent les savoir-faire, les pratiques, les expériences en dehors des considérations hiérarchiques. Ce sont autant de cercles où vous devriez vous faire entendre et remarquer. À l'heure de la négociation salariale, il vous sera alors plus facile d'argumenter. Sachant que vous n'avez plus le temps d'attendre des lendemains qui chanteraient, ni l'âge des promesses, il vous faudra chaque année, réussir votre argumentation.

Taire toute revendication salariale en vous estimant déjà confortablement rémunéré revient à dévaloriser votre propre contribution aux résultats collectifs. Ne perdez pas de vue que votre retraite sera calculée sur la moyenne de vos vingt-cinq meilleures années de votre vie professionnelle, voire davantage. Un simple coup d'œil sur le bilan social de votre entreprise pourrait vous permettre de savoir si, par rapport à l'ensemble des effectifs, à celui des cadres en particulier, vous stagnez. Mais combien de cadres s'intéressent au bilan social de leur entreprise ? Du reste, les seniors qui, dans le cadre de leur entreprise, croient avoir atteint le zénith en matière de rémunération feraient bien de se comparer à leurs collègues d'autres entreprises. Beaucoup d'entre eux découvriraient qu'ils sont loin d'avoir atteint le maximum auquel leurs qualifications leur donnent droit. Certes, la course au salaire n'est plus votre priorité. Il n'empêche : toute forme concrète de reconnaissance est rassurante. « *Bien souvent, le manager a tellement peur que les quinquas lui réclament une augmentation qu'il n'ose même plus les féliciter lorsqu'il est content de leur travail »*, analyse franchement une responsable des ressources humaines de la Caisse d'Épargne de Haute-Normandie. Et la même responsable poursuit : « *C'est à tort, car ces salariés ont intégré les contraintes financières de l'entreprise. Ils sont moins avides de primes que de reconnaissance.* » Voilà pourquoi vous constaterez que les compliments se font rares.

LE QUIZ

Une fin de carrière sans risque, en Êtes-vous bien sûr ?

Votre peur : relever le challenge de trop qui pourrait vous conduire à commettre un faux pas. Votre rêve : conduire tranquillement et habilement la dernière partie de votre carrière. Bref, vous ne voulez plus prendre de risque. Êtes-vous réellement dans cet état d'esprit ?

Voici onze points de vue tranchés sur la conduite à tenir par le senior en entreprise. Comptez un point chaque fois que vous êtes d'accord avec les affirmations avancées.

1. Il vaut mieux rester fidèle à une même entreprise que de prendre le risque de mobilités successives
D'accord   Pas d'accord

2. À partir de quarante-cinq ans, la mobilité est trop risquée pour valoir la peine
D'accord   Pas d'accord

3. Un cadre senior qui ne manage pas est plus exposé au risque de licenciement
D'accord   Pas d'accord

4. Le risque d'épuisement professionnel menace plus les seniors que les jeunes cadres
D'accord   Pas d'accord

5. Pour préserver ma place, je dois toujours donner à l'entreprise plus qu'elle n'attend
D'accord   Pas d'accord

6. L'ancienneté dans l'entreprise renforce l'expérience et protège donc du risque de licenciement en cas de restructuration
D'accord   Pas d'accord

7. Il est plus valorisant d'avoir un job sous-qualifié dans une grande entreprise qu'un gros poste dans une PME inconnue
D'accord   Pas d'accord

8. Il est plus malin de refuser une promotion quand on ne se sent pas à la hauteur que de l'accepter en comptant sur ses progrès futurs
D'accord   Pas d'accord

9. Le droit à l'erreur n'est tolérable que pour les jeunes. À partir d'un certain niveau d'expérience, l'erreur est synonyme d'incompétence
D'accord   Pas d'accord

10. Il faut toujours se forcer à travailler à 80 % de son potentiel et en garder un peu sous le pied
D'accord   Pas d'accord

11. Mieux vaut un placard doré qu'un challenge de trop
D'accord   Pas d'accord

Réponses

- **De 11 à 7 points :** aucun doute, vous évitez tous les risques.
- **De 6 à 4 points :** votre devise favorite pourrait être « prudence est mère de sûreté », ce qui ne vous empêche pas de faire preuve d'une hardiesse toute mesurée.
- **Moins de 4 points :** vous pouvez vous définir comme un senior entreprenant.

LE COUP À JOUER

Comme Jérôme, devenez formateur interne

À plus de cinquante-cinq ans et après plus de vingt ans de présence dans cette entreprise, Jérôme, commercial grands comptes, estime ne plus rien avoir à prouver. À défaut d'avoir conquis le poste de directeur commercial auquel il a depuis longtemps renoncé, il a créé un centre de formation interne. *« Pendant longtemps, j'ai été chargé d'encadrer les jeunes étudiants que nous recevions dans le cadre de leur stage de fin d'études. J'emmenais les meilleurs d'entre eux en négociation. L'idée a germé de formaliser toute la technique de commercialisation de nos produits. Puis j'ai poussé la logique plus loin et imaginé la possibilité de créer une école sans murs au sein de laquelle interviendraient tous les autres commerciaux expérimentés. »* Non seulement la direction a approuvé cette initiative, mais elle a donné les moyens à ce senior entreprenant puisqu'un vrai centre de formation a été construit. Notre quinqua en assume désormais la direction, à mi-temps. L'autre partie de son temps étant toujours consacrée au commercial. *« Je n'ai pas souhaité me couper complètement du business »*, explique cet homme de terrain qui se dit *« le plus comblé des seniors »*.

CONCLUSION

Cet ouvrage, ludique mais sérieux, n'a d'autre prétention que d'attirer votre attention sur l'obligation quasi permanente de vous remettre en question à chaque étape de votre carrière et de votre vie en entreprise. Donc, de mieux vous connaître : quels sont vos véritables objectifs professionnels, quelles sont vos vraies valeurs, quels sont vos vrais plaisirs ?

Mais, direz-vous, nous voulons tous, une fois au moins, prendre du galon et du pouvoir, travailler différemment, trouver la stabilité pour un temps dans un emploi, gagner davantage et, pourquoi pas (c'est d'ailleurs le cas d'un nombre croissant de jeunes diplômés de grandes écoles) placer le travail en tête de nos priorités de vie. L'exercice que nous vous avons proposé n'est pas figé : vous pourrez le reprendre chaque fois que vous ressentirez le besoin de bouger, d'évoluer, de changer.

Il est un autre élément constructif de ce que vous êtes : votre vie en entreprise. Et en particulier vos premières années. Bien souvent, elles font office de détonateur : confirmant des pressentiments, elles font également apparaître des talents, des aptitudes, des intérêts insoupçonnés. Ainsi, bon nombre de jeunes cadres révèlent un certain goût pour le pouvoir ou une aptitude à travailler en équipe alors même qu'ils se disaient solitaires. D'autres encore se découvrent une réelle attirance pour une technique ou le management.

Être capable d'analyser sans complaisance, vos qualités et vos défauts, vos enthousiasmes et vos rejets, n'est donc qu'une partie de la réflexion. Si vous souhaitez tout au long de votre vie professionnelle, pouvoir accorder vos talents aux projets de votre entreprise, définir plus astucieusement vos stratégies, harmoniser style de job et style de vie, vous devrez vous plier aux règles élémentaires de la gestion individuelle de carrière : le bilan et le projet.

Ainsi, comme cette comédienne française parlant avec passion et bonheur de ses années de métier, direz-vous peut-être à votre tour : **j'ai réussi à passer du** « *je fais ce que je veux* » **au** « *je veux ce que je fais* ».

© Éditions d'Organisation